公共体育资源建设与城市发展研究

王 乐◎著

吉林出版集团股份有限公司
全国百佳图书出版单位

图书在版编目（CIP）数据

公共体育资源建设与城市发展研究/王乐著. -- 长春：吉林出版集团股份有限公司, 2021.12
ISBN 978-7-5731-0790-9

Ⅰ.①公… Ⅱ.①王… Ⅲ.①群众体育—资源配置—研究—中国 Ⅳ.①G812.4

中国版本图书馆CIP数据核字(2021)第244281号

GONGGONG TIYU ZIYUAN JIANSHE YU CHENGSHI FAZHAN YANJIU

公共体育资源建设与城市发展研究

著　　者：	王　乐
责任编辑：	郭玉婷
封面设计：	雅硕图文
版式设计：	雅硕图文
出　　版：	吉林出版集团股份有限公司
发　　行：	吉林出版集团青少年书刊发行有限公司
地　　址：	吉林省长春市福祉大路5788号
邮政编码：	130118
电　　话：	0431-81629794
印　　刷：	晟德（天津）印刷有限公司
版　　次：	2022年6月第1版
印　　次：	2022年6月第1次印刷
开　　本：	710 mm × 1000 mm　　1/16
印　　张：	12.75
字　　数：	200千字
书　　号：	ISBN 978-7-5731-0790-9
定　　价：	78.00元

版权所有　翻印必究

前 言

在我国城市发展过程中，公共体育起着至关重要的作用。公共体育事业已经渗透城市生活的点点滴滴。当前，国家越来越重视全民健身事业，在城市化蓬勃发展的形势下如何充分利用公共体育资源，推进城市的发展，解决人们日益增长的体育需求及体育健身服务多样化的需求，成为亟待解决的重要课题。

本书围绕公共体育资源与城市发展展开论述，在内容编排上共设置七章，第一章主要阐释公共体育资源的内涵、公共体育建设对和谐社会的意义、公共体育与城市发展的关联；第二章探索公共体育资源的合理配置，包括合理配置的价值、目标与原则，通过讨论公共体育资源合理配置的保障与路径和效率评价，研究了公共体育资源配置效率评价指标体系；第三章主要讨论公共体育场馆资源的经营管理与建设，内容包括公共体育场馆资源建设管理的内容、公共体育场馆资源管理的类型、公共体育场馆资源建设管理的模式、公共体育场馆资源的多功能建设；第四章探讨公共体育设施资源的管理与服务，内容涵盖公共体育设施的发展与分类、规划与配置、体育场地设施的构造与配备、体育设施的经营服务管理；第五章从四个方面——公共休闲体育的基本认知、公共休闲体育的类别及其内容、公共休闲体育的社会功能与社会发展、公共休闲体育对城市发展的价值，讨论了公共休闲体育与城市发展的关系；第六章论述公共体育产业与城市发展，内容囊括体育产业的基础认知、公共体育产业与城市发展的关联、公共体育产业对城市发展的选择与建设的内容；第七章突出了实践性，主要以体育赛事为主体，从体育赛事与城市发展的耦合性、体育赛事对城市品牌的塑造作用、体育赛事对城市旅游经济的效应三个方面进行探究。

本书结构明了、论述严谨，实用性强，着重介绍公共体育资源合理配置的方法，为经营公共体育场馆的人员提供了切实有效的建议，体现了公共体育合理配置的精髓，帮助读者了解公共体育资源与城市发展之间的关系，适合学习公共体育资源与城市发展及相关专业的人士阅读。

  笔者在撰写本书的过程中，得到了许多专家学者的帮助和指导，在此表示诚挚的谢意。由于笔者水平有限，加之时间仓促，书中所涉及的内容难免有疏漏之处，希望各位读者多提宝贵意见，以便笔者进一步修改，使本书更加完善。

目 录

第一章 绪 论 … 1
    第一节 公共体育资源的内涵 … 1
    第二节 公共体育建设对和谐社会的意义 … 2
    第三节 公共体育与城市发展的关联 … 3

第二章 公共体育资源的合理配置 … 8
    第一节 公共体育资源合理配置的价值 … 8
    第二节 公共体育资源合理配置的目标与原则 … 10
    第三节 公共体育资源合理配置的保障与路径 … 17
    第四节 公共体育资源合理配置的效率评价 … 25

第三章 公共体育场馆资源的经营管理与建设 … 35
    第一节 公共体育场馆资源建设管理的内容 … 35
    第二节 公共体育场馆资源管理的类型 … 45
    第三节 公共体育场馆资源建设管理的模式 … 51
    第四节 公共体育场馆资源的多功能建设 … 54

第四章 公共体育设施资源管理与服务 … 61
    第一节 公共体育设施的发展与分类 … 61
    第二节 公共体育设施的规划与配置 … 67
    第三节 公共体育场地设施的构造与配备 … 69
    第四节 公共体育设施的经营服务管理 … 77

第五章 公共休闲体育与城市发展 ········· 90
第一节 公共休闲体育的基本认知 ········· 90
第二节 公共休闲体育的类别及其内容 ········· 100
第三节 公共休闲体育的社会功能与社会发展 ········· 114
第四节 公共休闲体育对城市发展的价值 ········· 119

第六章 公共体育产业与城市发展 ········· 123
第一节 公共体育产业的基础认知 ········· 123
第二节 公共体育产业与城市发展的关联 ········· 127
第三节 公共体育产业对城市发展的选择与建设 ········· 139

第七章 体育赛事与城市发展 ········· 164
第一节 体育赛事与城市发展的耦合性 ········· 164
第二节 体育赛事对城市品牌的塑造作用 ········· 185
第三节 体育赛事对城市旅游经济的效应 ········· 190

结束语 ········· 193

参考文献 ········· 194

第一章 绪 论

第一节 公共体育资源的内涵

资源是人类生存和发展的基础。在经济学领域，资源不仅指土地、水、矿藏等自然资源，同时还包括人力资源、财力资源及其他物力资源等。资源的第一特征是它的稀缺性，资源的稀缺性与人类社会发展和需求的无限性之间的矛盾，迫使人们去研究资源的利用效率和效果问题，也就是资源的有效配置及如何实现这种有效配置的问题。

目前，我们对诸如"自然资源""人力资源""旅游资源""资本资源"等的称谓，已经是耳熟能详。"资源"一词，无论是在经济学、社会学等领域还是在人们的日常生活中，都已经使用得非常广泛，资源经济也已成为世界各国关注的一个重要问题。这自然不是一种偶然现象，原因在于资源是人类社会存在与发展的基础和前提。人们从事各种活动，完成各项工作，都离不开资源的前期投入和利用。资源的拥有量及开发和利用程度，往往影响着一个国家的经济发展水平，在特定的时期或地域，资源甚至起着决定性的作用。同样，对于一个产业部门来说也是如此。在我国体育产业方兴未艾的今天，体育经济资源对体育产业、体育市场的发展有着极为重要的现实意义。

资源的概念有着众多的定义。一般来说，资源是一个动态的概念，它的含义是随着人们对其认识和利用的程度而不断发展的。从经济学的角度来看，资源应该是广义的，它包括投入生产过程中的各种要素。具体地讲，经济学意义的资源应该具备的基本条件包括：①必须对人类有用，也具有使用价值；②必须是现实的和潜在的生产要素，或早或晚都能进入生产过程，不能作为生产要素进入生产过程的东西不能算是经济资源。根据以上分析，在这里给公共体育资源下一个定义：公共体育资源是投入到体育生产过程中的各种要素或者说是体育生产所利用或可利用的各种条件及要素。[1]

资源包含两个范畴：一是自然界赋予的自然资源，二是人类社会所创造的各种社会资源。竞技体育的自然资源和其社会资源是相互联系、相互依赖的。体育的自然资源是指自然界存在的、可作为体育产品生产的物质要素及必需的环境条件的资源。通常一种体育项目需具备特定的条件和在专门的场所中才能开展，这些条件和场所构成竞技体育的自然资源。体育社会资源是人类社会活动的体育元素经开发利用并为人类服务的各种资源。

第二节　公共体育建设对和谐社会的意义

一、丰富大众体育活动的载体和内容

随着中国城市化进程的加快，社会大众的体育健身需求不断增长。但在传统的体育健身模式下，公民的体育活动主要来源于社会场地，这显然只能满足部分群众的健身需求。公共体育的规范化建设，能够在丰富健身功能的基础上，让公共体育兼具文化性、娱乐性、教育性、科普性等多种职能，让公共体育朝着健康、休闲、娱乐化的方向发展，从而让公共体育活动的载体与内容更加丰富。同时，公共体育的建设，可以让公民根据自己的时间和兴趣爱好来选择体育项目，使人们对体育健身有更多的自主权和选择权。这对公民利用空余时间调节自己生理状态和心理状态提供了更多的便利，有助于实现人与人、人与社会的和谐。

二、提高体育服务水平，缓解社会矛盾

在全民健身的时代背景下，公共体育的建设与发展需要贴近群众的健身需求，并且提供更多的体育指导和健身服务，促进全民健身服务水平的不断进步。尤其是在知识经济时代，人们的生活节奏不断加快，社会竞争日趋激烈，如果人们的压力得不到调节和释放，很有可能会引发一些深层次的社会矛盾。而公共体育的长远规划和建设，可以为不同的人提供更多不同的便民服务，体现出亲民、利民的体育服务宗旨，让更多的人可以享受公共体育资源带来的快乐，对营造公

---

[1] 王铁生，黄琳.体育产品的资源配置[M].长沙：湖南科学技术出版社，2006：32.

平、公正、和谐的社会环境大为有利。

三、促进人际交往，构建沟通交流平台

随着网络时代的到来和科学技术的不断进步，人与人之间面对面的互动交流越来越少。公共体育的建设，不仅能够为公民提供更加全面的体育健身服务，还可以增进人与人之间的交往，满足人们渴望沟通和扩大交际的心理需求，人们在共同健身、休闲娱乐的平台下可以树立更加积极的人生态度，这对社会的和谐建设起到了积极的作用。

四、增强全民体育锻炼意识

目前，许多青少年对体育锻炼的意识还不强烈，对身体锻炼的认识程度不够，对健康的理解程度不高，参加体育锻炼的时间很少。公共体育的发展，能够使青少年耳濡目染，慢慢地参与到体育锻炼中来，让他们逐步体会到体育锻炼的好处，形成自觉的体育锻炼行为，提高体育锻炼意识，形成良性循环，从而增强全民的体育锻炼意识。[1]

第三节 公共体育与城市发展的关联

一、公共体育成为一种生活方式

现代科技的广泛应用，大大提高了劳动生产力，人们的劳动强度减轻了，工作时间缩短了，闲暇时间增多了，生活水平提高了。伴随着健康意识不断增强，人们对生活质量有了进一步的追求。因此，以全民健身为宗旨的公共体育运动现已成为世界体育的发展潮流。"人人要运动，天天要运动！"，这不仅仅是一句口号，而是实实在在的行动，它成为市民生活的一种方式。近年来，我国经济快速发展，城市居民收入水平的提高，引起城市居民消费支出模式的变化。吃、穿、用等实物性的硬性消费支出相对减少，而文化教育、体育健身、旅游休闲等精神文化的软性消费支出显著增加。此外，五天工作制的实施、家庭的小型化、家务的减少、社会服务水平的提高等因素也给人们带来了更多的闲暇时间。

---

[1] 杨爱丽.论和谐社会视角下社区体育建设意义[J].农村经济与科技, 2017, 28(24)：231.

随着生活水平的提高，健康价值愈加受到城市居民的重视，拥有健康的体魄已成为大家的共同愿望。因此，参加全民健身活动已成为人们工作之余的首要选择之一，全民健身已然成为一种生活模式。生命在于运动，群众参加体育活动的目的是强身健体、自娱自乐，通过锻炼，能够获得极大的乐趣和身心的满足，这也正是体育的真正魅力所在。

不少家庭在周末不是待在家里看电视，而是去公共体育场馆锻炼健身，从而达到消除疲劳、矫正体型、维持身心平衡的目的。许多居民已养成早晚散步、跑步和从事其他健身活动的良好习惯。可见，现代体育特别是公共体育正日益深入人心并逐步改变着人们传统的生活模式。

二、公共体育充实了城市居民生活闲暇时间

随着现代社会经济的快速发展、科学技术的高度现代化及生产劳动的自动化和效率化，人类的工作效率提高，工作时间不断缩短，人类社会的闲暇时间在延长。1995年，我国开始实行"双休日制度"，简称"双休制"（每周工作5天，休息2天），周工作时间从48小时减为40小时。每周两个休息日，加上每年的法定节假日，我国公民每年法定休假日达100多天。此外，随着现代化家用电器的广泛使用、成品或半成品食物的普及，人们用于家务劳动的时间大大减少，于是城市居民得到越来越充裕的时间。随着闲暇时间的增多和相对集中，人们越来越认识到消遣娱乐、体育运动的重要性，不仅劳动是人们生存的必要条件和内容，休息、娱乐、体育同样对人生具有积极的意义。这些活动不仅可以减轻人们大脑的疲劳感，使疲惫的身体得到休息，恢复体力，精力充沛地再投入到劳动中；而且提供给人们一个可自由地决定自己的行为方式，可以发挥自己一切爱好、兴趣和才能的机会，为自身的充分发展提供广阔的天地。

20世纪90年代以前，我国城市居民支配闲暇时间的能力是比较低的，且活动范围狭小，一般是看报、看书，或在家庭度过闲暇时间。而近年来，我国城市居民支配闲暇时间的方式发生了巨大变化，人们不再满足于过去那些低层次的方式，而开始向发散型、开放性的方式转化，城市居民厌倦家中单调的生活，特别是在城市污染十分严重的情况下，更有一种离开嘈杂市井生活、向往自然、重回田园生活的意愿，城市居民开始热衷于旅游、远足、登山、泛舟、探险、漂流等

活动。以上这些支配闲暇时间方式的变化，与体育健身、身体娱乐，特别是休闲体育在本质上是一脉相通的，而这些变化也为城市居民度过闲暇时间提供了更好的活动内容。把更多的闲暇时间投入到体育中来，逐渐成为城市居民生活中的一种时尚、一种新的理念。

三、公共体育改善了城市居民生活质量

体育作为人类积极维护自身健康的活动，是人类文化的积淀和对理想的追求，是人类身体和精神的乐园，它所弘扬和表达的是健康、强壮、快乐、豁达、平等、自由、善良、竞争和爱。公共体育不仅是一种强身健体的运动，同时也成为城市居民生活中的重要内容。城市居民借助多种多样的体育形式，发挥体育的诸多功能，从事各种身体娱乐、身体锻炼、体育竞赛、体育康复，以及体育文化交流活动，满足人们与大自然的融合（自然、环保、生态、健身）心理和对大自然的挑战（积极、勇敢、愉悦、刺激）心理，从而达到回归大自然的目的。体育能够增长知识、释放压力、寻求刺激、丰富社会文化生活、满足城市居民的心理欲望和精神需求，使城市居民身心达到平衡，提高城市居民的生活质量。

在城市发展和城市化进程中，传统产业向现代产业的转移，导致劳动方式、生产能力、资金技术等经济要素在城市的集中，也导致人口定居方式、生活方式在城市的集中。但是产业的转移、要素的集聚和人口的集中，并不意味着人口素质的自然提高，单纯的经济增长不可能带来城市的全面进步，也不可能自动解决城市化进程中出现的各种社会矛盾。而只有注重加强城市文明建设，提高居民的思想道德素质、文化素质、身体素质，使人口素质成为城市化的内在力量，才能推动城市文明进步与社会进步协调发展。

公共体育的主要功能是增强人民体质，促进人民群众身心健康发展，提高综合素质。同时公共体育又具有激励人民群众奋发向上、顽强拼搏、增强民族凝聚力、振兴民族精神等独特的作用。因此，公共体育成为现代社会传播价值观最为理想的载体。

从城市化的追求目标看，城市化不仅指市民物质生活条件的日益改善，也指人的全面自由发展的逐步推进。大力开展公共体育运动的最直接益处是人民增强了体质。同时，大力开展体育运动还改变了人们的生活方式，打破了身份等级

的羁绊，使人们通过参加各种体育健身活动全方位交往，从而促进人的身心全面健康发展。

四、公共体育拓展了城市居民生活空间

体育运动动员人们到户外去，回到大自然的怀抱中去，去远足、去登山、去攀岩、去探险、去漂流……在人类现实生活中还没有哪一项其他活动能比得上体育运动给人以那么大的活动空间！人们除了需要一个生活空间实体，还需要体验多种多样的生活空间，这对人们丰富人生经历是十分必要的。

当城市居民年复一年、日复一日习惯在一定的空间里度过每天的主要时光时，只有体育运动能使城市居民活动起来，舒张四肢筋骨，活动五脏六腑，充实自己固有的生活空间，加大人们宏观的运动区域，使城市居民的微观生活空间变得丰富多彩，使城市居民获得复杂多变的空间享受。

五、公共体育成为城市的"名片"

公共体育是开放的、动态的、充满活力的。由于公共体育的复合功能和独特魅力，公共体育是城市文明的重要载体，与城市形象密切相关。城市形象既是外放的，又是内敛的，是城市外部形象和城市内在品位的完美结合。城市外部形象由自然地理环境和城市人工环境等有形要素构成，内在品位由城市精神、道德风尚、文明程度、生活方式等精神因素构成。在塑造城市形象、表达城市文化方面，公共体育扮演着不可或缺的角色。优美的城市形象、良好的市民素质无疑将增强城市的凝聚力和城市综合竞争力。

公共体育是一种文化，是一种可以增进城市竞争力的文化。城市间的竞争，不仅体现在GDP和城市建设上，而且还体现在城市文化和城市形象上。当今世界，许多城市都把体育文化建设作为城市文化建设的一个重要组成部分，全力打造城市的体育品牌，使"体育名城""体育之都""赛事名城"等独具特色的体育文化融入城市的生活中，以提高城市形象，增强城市的吸引力和辐射带动力。

在中国，想到足球，人们就会想到大连。的确，足球运动在大连深受群众喜爱，其足球文化底蕴深厚。漫步大连市的街头巷尾，随处可以看到群众自发组织的足球比赛，或者听到关于足球的议论。大连男足获得多次全国足球甲级联赛

冠军及其他荣誉，为国家队输送了大量运动员和教练员，国内任何城市的球队都无法与之相比。大连队在亚洲足坛也是一支劲旅，受到许多亚洲强队的尊重，大连队的成绩在某种程度上代表着我国足球的水平和国际地位。足球已成为大连的"名片"和城市形象的"代言"。[1]

---

[1] 胡振宇.现代城市体育设施建设与城市发展研究[D].南京：东南大学，2006：32-36.

第二章　公共体育资源的合理配置

第一节　公共体育资源合理配置的价值

一、构建和谐社会的内在要求

和谐社会的目标指向涉及人与自然、人与人、人与社会等多方面关系的协调和良性互动，其中和谐的核心是人的和谐。人的和谐包括生理、心理及人际关系的和谐。心理的和谐建立在生理功能的健全上，人际关系的和谐又以人生理和心理的和谐为基础。由此看来，没有社会个体自身的和谐，建设社会的和谐就失去了基础和动力源。从促进人的和谐角度讲，城市社区公共资源的合理配置对构建和谐社会具有重要的作用。不同城市、城市不同地区所配置的公共体育资源能够促进社会个体的健康，并能协调社会生活情感。人们在接受体育公共服务时，能够促进自身价值取向的转移，如"重在参与""公平竞争"的意识和品质赋予人们积极的生活态度和和谐的社会氛围，人们通过体育活动培养自信、自强、自尊的优良品质。同时，体育活动还能协调人际关系，化解工作或生活中的心态失衡，对社会矛盾与冲突起到缓解作用，促进社会发展和稳定，这与和谐社会的目标要求相一致。

二、公平享有体育权利的有力保障

公共体育资源的配置与公民的基本体育权利密切相关。随着社会的发展，体育权利日益引起人们的关注和重视。体育权利作为一种基本人权，它和公民的政治、经济、社会和文化权利一样，依赖政府主体作用的发挥，构成了现代服务型政府最为基本的职责之一。参加体育活动是每一个公民所应有的一项基本发展权利，人人享有健身活动的保障和服务是人的基本发展权利的实现。因此，体育公共服务一体化发展对于提高农村地区政府体育公共服务的水平，对于提升农村居民的健身观念都起着重要的作用，而这也是保障农村居民公平地享有体育权利的体现。

三、建设节约型社会的重要体现

目前，我国正处于节约型社会建设过程之中，城市社区公共体育资源的合理配置其实就是对公共体育资源的节约利用。一方面，是要尽可能少地消耗公共资源，如对公共用地的占有。毋庸置疑，我国公共体育场地的建设势必要占用一定规模的公共用地，而公共用地的减少又会导致我国耕地、林地及其他用地的减少，这样从总体上来看，不利于农业、林业及其他行业的发展，这种损害其他行业来发展体育的做法并不科学、合理。另一方面，要保证所建设或开发的公共体育资源能够较大程度地达到科学、合理，其衡量标准就是尽可能地满足附近居民的公共体育需求。这就需要在规划城市社区公共体育资源时，对各种公共体育资源的位置、质量、种类等进行合理设计，确保最大程度地实现科学性。否则，如一些地方的体育场地设施离居民区太远；一些公共体育场馆看似规模很大，实际效用却大打折扣，这些都必然会导致城市居民的不满意，也违背了我国建设节约型社会的目标。

四、实现体育强国的关键环节

实际上，我国体育强国的实现最为关键的环节是要使不同地区的体育发展由"非均衡"走向"均衡"。城市是我国人口较为集中的区域，城市公共体育资源的配置状况一定程度上可以代表我国城市体育发展的状况。社会发展不总是一直处于均衡发展状态，也不是一直处于非均衡发展状态，而是处于一种由均衡到非均衡再到均衡这样一个动态变化中。中国的非均衡发展战略使得东、中、西不同区域、不同地区的经济、社会、文化发展呈现出差距性的演进趋势。在这种环境下，不同地区的人们在物质资本、社会资本及文化资本的占有与掌握上具有了明显的差异，而这正是决定公民利益表达的重要因素，当然也包括公民的体育利益。不难想象，一个从没有受过教育、没有接受过体育知识与技能学习的人很难表达出自己的体育利益需求。可以这么认为，也正是社会的非均衡发展态势造成不同地区城市社区公共体育资源配置的非均衡性。社会的"非均衡"必将被一种新的均衡发展战略所替代。而实现城市社区公共体育资源的合理配置是当前我国新的均衡发展战略,决定着我国体育强国目标的实现程度。[1]

第二节 公共体育资源合理配置的目标与原则

一、公共体育资源合理配置的目标

(一)人道目标

体育的全民性和公益性决定了体育资源配置必须坚持公平性原则,必须兼顾各方需求,力求公平地协调体育资源配置问题,让广大城市居民共享国家发展的成果。因此,国家政府机构在配置公共体育资源时,要达到和完成人道目标,平等、公平地对待城市居民,分享一切体育的权利,并努力满足每个居民体育锻炼的需求。

(二)价值目标

公共体育资源配置不仅仅在于公正分配,更重要的是在于发挥资源的效率,提高其使用价值,满足城市居民强身健体的需求。因此,在公共体育资源配置中,体育资源的分配活动是最直接、最能体现政府权力的表现形式。公平、公正、公开作为法律的基本价值之一,必然体现在体育资源分配的执行之中。然而在现实中,体育资源分配的调控执行常常被认为是政府根据体育资源分配相关法规文件的规定,运用国家权力的强制力,强制划分体育资源的分配的活动。也就是说,人们把体育资源分配仅仅等同于体育资源分配实施活动,而忽略了体育资源分配中的社会监督,因此就会理所当然地将"效率"作为体育资源中最重要的价值目标,从而忽略或淡化了"公正"这一目标价值。因此,更新体育资源分配理念,把"公正"这一价值目标提高到应有的位置,坚持"公正与效率相统一"作为体育资源追求的价值目标,有着非常重要的理论依据和现实意义。也只有这样,才能保证城市社区公共体育资源调配改革的正确价值取向,否则改革将偏离正确的轨道,不利于城市社区公共体育活动的发展。

---

[1] 李洪波.城市社区公共体育资源合理配置研究[M].济南:山东人民出版社,2015:60-70.

(三)责任目标

明确公共体育资源配置的合理目标是分析公共体育资源优化配置这一复杂过程的逻辑起点。公共体育工作的主要任务是采用多种方式,发动、引导、组织社区成员开展经常性的体育健身活动,提供门类众多的体育服务,满足社区成员的体育需求,增强体质,提高身心健康水平和生活质量,建立文明、健康、科学的社区生活。公共体育资源配置是公共体育生存和发展的基础,也是政府调配体育资源的源头及成本控制的中心。面对城市体育市场的激烈竞争和城市稀有体育资源匮乏的严峻形势,提高公共体育资源管理水平,尤其是实行责任目标成本管理是适应城市体育市场严峻形势、提高公共体育社会效益、做大做强公共体育的必然选择。因此,公共体育资源配置的责任目标是:一是坚持"方案先行,责任先划,指标先定,合同先立"的工作原则,制定科学合理的责任目标;二是建立并实施好"干前预算,干中核算,边干边算,干后结算"的全方位、全过程的成本资源责任目标控制流程;三是真正落实责任目标与城市居民个人切身利益紧密结合的激励约束制度。[1]

总的说来,为了实现这一系列目标,当前我国公共体育资源配置应在满足公民基本体育需求的条件下,适度扩大规模、优化配置结构、提高资源配置的效率和公平度,实现公共体育资源配置效益的全面提升。

(1)满足需求、保证质量。公共体育资源配置最直接的目的就在于满足公民闲暇时间的体育需求,另外,公共体育资源配置要"重质量、轻数量"。这里公共体育资源配置的质量指的是公共体育资源的配置(包括体育指导员、健身场所、健身咨询等所有方面)满足公民需求的程度。坚持在一定质量标准范围内配置公共体育资源,是实现公共体育资源合理配置目标的一个重要方面。公共体育资源配置规模、结构、效率与质量之间存在着辩证统一的关系,它们互相影响、互相制约、相互作用、相辅相成,只有从城市发展的实际出发,科学地统筹这几方面的关系,才能顺利实现公共体育资源配置的目标。因此,必须处理好质量与公共体育资源配置规模、结构、效率等方面的关系,不能以牺牲公共体育资源配置质量的方式片面地追求大规模、高效率。

(2)适度扩大规模。经济学理论认为,经济组织存在着"适度规模"的问

---

[1] 李洪波.城市社区公共体育资源合理配置研究[M].济南:山东人民出版社,2015:108-110.

题。即一个经济组织，当其规模较小时，生产的成本高而利润低；当其规模扩大时，费用将随之下降；规模达到一定水平后，再扩张，费用不但不会下降，而且可能会上升。其中，成本随着规模扩大而下降时的规模，就是适度规模。公共体育资源配置同样存在着适度规模的问题，规模过小或过大都会影响到资源的使用效益。

当前，我国城市社区处在规模扩张期，并且随着生活水平的不断改善，公民对体育资源的需求越来越大。但根据科学的理论和实践来看，公共体育资源规模并非越大越好，要适度地扩大公共体育资源的规模。社会是在不断发展、变化的，人们的生活方式也在不断变化着，尤其表现突出的是随着闲暇时间的增多，人们对健身需求的渴望不断增长，这就决定了公共体育资源规模必须不断扩大更新，唯此才能不断满足人们日益增长的体育健身需求。但公共体育资源规模的扩大必须坚持科学的发展观，在制定公共体育资源发展规模时，应立足于当地的实际与客观环境，使其与区域经济和社会需求协调一致。有些体育资源的形成需要相当长的时间，如城市体育指导员，因此公共体育资源发展规模要适度，要制定与公民对体育健身需求的程度相匹配的发展规模。

（3）实现效率和公平的均衡提高。研究公共体育资源配置问题的最终目的是实现公共体育资源的可持续发展。就公共体育资源配置而言，效率和公平存在于公共体育资源配置内在逻辑之中，是我们无法回避的两个概念，同时也是公共体育资源配置过程中应不断追求的两个主要目标。效率和公平的概念分别归属于经济学和社会学两个不同的范畴。在公共体育资源配置的过程中，提高效率与优选公平并非两极对立的，而是存在着既矛盾又互动的关系。

表面上看来，公平和效率之间存在着矛盾，其根源在于有限的供给能力与公平需求之间的矛盾。一方面，公共体育的公平性原则要求政府要均衡地配置公共体育资源，为公民身体素质的发展提供公平的参与体育的机会和条件，满足公民基本的体育健身需要；另一方面，我国体育财政投入有限，为了满足社会大众的体育需求，保证国家和民族长远发展，必须举全国之力，优先发展经济发展较好的地区，提高公共体育资源配置的效率，如此，便会出现公平和效率之间"鱼和熊掌不可兼得"的两难选择。

但从长远看来，公平和效率之间存在着相辅相成、相互促进的关系。保证公平是提高公共体育资源配置效率的前提条件和根本目的，而提高效率是维护公共体育资源公平配置的基本手段和物质保障。由于公共体育资源配置的公平与效率之间存在着矛盾性和互动性并存的复杂关系，在公共体育资源配置的过程中，只要制度调节有力、政策导向正确，就会使二者呈现出兼容共生、均衡发展的局面。

二、公共体育资源合理配置的原则

制定公共体育资源合理配置的原则，必须以科学发展观的基本方法理论为指导，着眼于面向社会，服务于社会政治、经济、文化、教育、卫生等发展的宏观全局，特别是要按城市体育事业全面发展的具体实践要求来制定。这不仅是一个融"经济目标、政治目标、文化目标"为一体的，而且更重要的是一个"人道目标、价值目标、责任目标"三位一体的多元化的目标体系，这一目标体系决定了体育资源合理配置必须遵循以下六项原则。[1]

（一）保障公民权利，推崇普惠性原则

1948年联合国大会通过了《世界人权宣言》，标志着人权观念在全世界范围内的初步确立。人权是指人按其本性所应当享有的在社会中得以生存和发展的自由度。公共体育资源作为公共物品，它不属于这个社会中的任何个人，而是全体社会成员所拥有的公共财产。因此，任何个人、机构、组织都不可能以任何理由独占或瓜分公共体育资源。也就是说，公共体育资源的公产属性决定了使用公共体育资源是人的权利的一部分。公共体育资源作为公共物品，从两个方面都与人的权利实现有着直接的关系：一是公共体育资源的所有权属性，其直接反映着公民的人权内涵；二是公共体育资源的效用直接影响着公民的人权实现状况。作为用来维护人的健康权利的公共体育资源，其配置公平、合理与否，将在很大程度上体现这个社会中居民的基本权利保障状况。因此，关于公共体育资源配置的研究，本质上必定会涉及人权保护等道德规范，必然关乎人权公平实现的道德诉求。

此外，公共体育资源的普惠性就是要在充分体现资源配置公平的前提下，让每一位公民都能享受到经济社会及体育发展的成果。普惠性的内涵非常丰富，

---

[1] 张劲松,张树巍.共享发展理念下高校体育资源服务老龄人口健身需求的研究[J].体育科技,2020,41（06）:55-56.

就公共体育资源而言，就是要为公民提供充足的体育场地设施及参与体育锻炼的机会。体育场地设施是公民参与体育锻炼所必不可少的前提条件。近年来，原本就不算充裕的城市体育场地设施又被城市规划用地所占，或改建为商品房，呈现出公民想参加体育锻炼却没有锻炼场所的尴尬局面。此外，参与体育锻炼是每一位公民的权利，不论男女、不论老幼。因此，公共体育资源配置应充分考虑每一类社会公民的身心特点与需求，提供适合不同人群锻炼的体育资源。

（二）提倡公平优先，兼顾效率原则

社会公平视野下确立公平优先，也说明与别的社会事业相比，公共体育资源配置具有公益性的特点。现代社会将体育视为每一个社会成员的基本权利：现代奥林匹克运动之父顾拜旦（Pierre De Coubertin）就曾经提出"一切体育为大众"（All sport for all）的口号；联合国教科文组织于1993年公布的《国际体育与运动宪章》也明确提出："体育与运动实践是所有人的基本权利，每个人享有对于其个性全面发展必需的参与运动的基本权利。"体育所具有的全民性、公益性等性质要求我们在配置公共体育资源时应兼顾城市和农村、发达地区和贫困地区、汉族和少数民族、城市居民和农村居民、健康群体与残障人士等不同地区、不同人群对体育的需求，从根本上解决群众体育不平衡、低水平、不全面的问题。因此，各级政府在配置公共体育资源时，必须做到让广大人民群众共同享有我国体育发展的成果。众所周知，公平和效率是相辅相成的。坚持公平的同时需要效率的提高，反过来，效率的高低制约着公平的实现程度。为此，在坚持公共体育资源公平配置的前提下，我们还要注意提高公共体育资源的配置效率。解决这一问题的关键是在体育资源配置中引入市场机制，打破资源占用上的条块分割和部门封锁，将各单位的体育资源通过各种途径向社会公众开放，利用价值规律，通过价格和竞争机制，不断地将体育资源配置到社会最需要、效率最高的部门和环节中去，让有限的体育资源生产出数量多、质量好的体育产品和服务，以满足广大人民日益增长的体育需求。

（三）社会效益为主，经济效益为辅原则

社会效益是所有公益性事业必须放在首位的。我国明确把体育作为文化建设的一个重要方面，积极推进体育卫生事业的改革和发展，开展全民健身运动，提高全民健康水平。因此，在公共体育资源配置的过程中应坚持"社会效益优

先"的原则，把关系公民身心健康的像公共体育这种社会效益明显的相关工作放在首位来抓。把社会效益放在首位，并非意味着否认体育追求经济效益。随着社会的进步、经济的发展，人们的闲暇时间变得越来越多，公民对体育的需求也会日益增长，进而会导致体育消费市场的不断扩大。作为第三产业中的一个新兴产业，体育产业的发展势头异常强劲，成为新时期促进就业、拉动相关产业发展的主力产业之一。据有关资料表明：作为新兴产业群中一员的体育产业，已经成为吸纳劳动力就业、拉动经济增长的重要渠道之一。因此，我们也要看清体育所具有的双重特征：公益性、商业开发性并存。政府的宏观调控目的在于社会效益的实现，而市场的调节作用为的是经济效益的提高，这就要求我们在公共体育资源配置的过程中要时时把政府宏观调控行为和市场调节机制有机地结合起来，进而加快实现公共体育资源的合理配置。

（四）确保整体效益，实现有序调配原则

整体效益观强调了在城市社区公共体育资源配置系统中各部分与整体综合协调时，发挥资源配置系统整体功效放大的作用。因此，在进行城市社区公共体育资源整体调配的战略规划时，必须有整体效益的观点，充分考虑各个方面、各个阶段、各种因素的情况，在总体目标的统领下，充分考虑局部的具体情况、局部之间的关系，将局部与整体协调起来，在保证重点投资的前提下，充分发挥整体效应。在发挥整体效益的基础上，也要体现资源调配和流动的有序性，即在公共体育资源整体规划与调配过程中，必须建立一定的系统结构，用一个纵横交错的立体网络模式实现资源的有序性流动，按照一定顺序、分层次、分步骤、有计划地进行。这样的有序性调配原则也是确保整体效益最大化、最优化工作顺利进行的有力保障。

（五）政府投入与社会运作相结合原则

体育产出具有社会公益性特点，同时又有商业开发性的特点，能带来经济、社会双重效益。所以说公共体育资源配置亦有政府、社会两条路径。体育的公益性及社会效益决定了体育产品的公共性。与公共教育、公共信息、公共卫生等一样，公共体育也应该纳入国民经济与社会发展规划之中，由国家财政统一给予保障。把体育事业经费和体育基本建设资金列入本级政府的财政和基本建设投资计划，确保政府对体育的投入随着财政收入的增长而增加。公共文化体育设施的数量、种类、规模及布局，应当根据国民经济和社会发展水平、人口结构、环境条件及文化体育事业发展的需要，统筹兼顾，优化配置，并符合国家关于城乡公共文化体育设施用地定额指标的规定。

政府的投入虽然在一定程度上保障了体育产品的公共性，但是会难以避免地带来投资效益不高，投资渠道单一，缺乏竞争机制、激励机制，进而无法满足广大公民多样化的体育消费需求等问题。这就需要引入市场机制，充分发挥市场的调节作用，使公共体育资源配置参与到市场化运作中来。广泛发动市场组织、社会团体或个人等社会力量，形成政府、市场、社会团体、个人共同承担公共体育资源配置的局面。如发行体育彩票，有偿开放公共体育场馆，经营体育健身俱乐部，出售体育比赛门票，转让运动会电视转播权，接受各大公司和社会名流的体育赞助、捐助等，同时，大力兴办体育产业，生产多种多样的体育产品和服务。总之，要大力培育体育市场力量，允许非公益性体育活动如体育中介、体育培训、体育旅游、体育表演、运动食品、体育服装、体育欣赏、体育器材、体育药品、体育信息服务及把体育竞赛作为中间载体的广告等走向产业化、市场化和社会化的道路，建立一种市场调节与政府宏观调控紧密结合的公共体育资源配置方式。

（六）必要性和可行性相统一的原则

实施体育资源开发战略和提高国家资源安全保障能力，需要准确掌握目前体育储备家底及分布，实时监测资源开发利用情况，综合分析资源潜力，及时预警资源安全。通过汇集各类数据，构建分析展示平台，可以提高体育资源参与宏观调控的主动性、科学性。体育资源调配规划建设，对促进高效管理、科学决策、依法行政，进一步提升体育资源管理水平、规范管理行为、促进管理创新，都具有重要的推动作用。通过科学合理的体育资源配置，将有限的稀有体育资源调配到需求量最大的城市居民手中，让他们得到健身锻炼的实惠，最大限度地体现资源设施的地位及作用，这样能够有效地强化和提高城市居民健身锻炼的意识和积极性，由此带动周边城市体育的快速发展，这是非常必要的，也是切实可行的。

体育资源战略规划与调配是具体实施的基本依据，战略规划的可行性是保证实施顺利进行的前提条件。因此，在制定体育资源战略规划时，条件、步骤、目标、对策都必须建立在具体现状调研的基础上，做到切实可行、真实有效。要使体育资源战略规划如实地按阶段、分时期地完成任务，满足分阶段目标符合战略总体目标和社会发展总体趋势的基本要求，要使体育资源战略规划的具体对策符合公共体育发展及社会发展的基本规律，就必须使体育资源战略规划建立在公共体育发展的实际情况基础上，也只有这样才能保证公共体育资源分配既必要而又可行。

第三节　公共体育资源合理配置的保障与路径

一、公共体育资源合理配置的保障体系

建立有利于公共体育资源配置的保障系统是公共体育资源配置的重要内容之一。我国公共体育资源配置的保障体系（如图2-1所示），主要包括法规保障、人员保障、组织保障等方面。这几项保障要素又是相互联系、相辅相成、共同发挥联动作用的。因此，研究公共体育资源配置保障体系能够发挥城市体育资源合理配置"安全网"的作用，它对城市体育的稳定与可持续发展有着重要的理论意义和现实意义。[1]

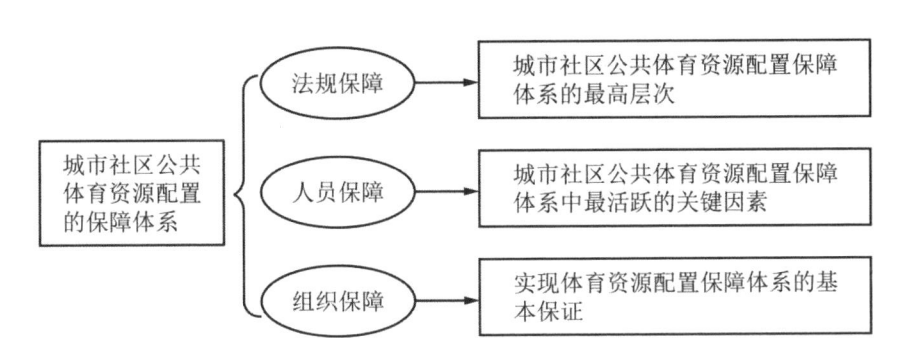

图2-1　城市社区公共体育资源合理配置的保障体系示意图

（一）公共体育资源配置的法规保障

法规保障属于公共体育资源配置保障体系的最高层次，是实现保障体系的法律效力和保证。其特点是：①法规保障的目的是资源配置与共享的最基本保证，也只有这样才能满足公民体育健身锻炼的基本要求；②法规保障的对象主要

---

[1] 李洪波.城市社区公共体育资源合理配置研究[M].济南: 山东人民出版社, 2015: 123-125.

是中小城市或欠发达的中小城市；③法规保障的基本特征是指令性、倾向性，保障的基金来源主要是国家财政拨款及社会捐助。

（二）公共体育资源配置的人员保障

人员保障在公共体育资源配置保障体系中居于核心地位，它是公共体育资源配置保障体系中最活跃的关键因素，是建立和实现公共体育资源配置保障体系的重要组成部分。人员保障又分为配置资源的政府行政执行人员和使用资源的受益者。其特点是：①人员保障的目的是确保体育资源配置执行人员依据相关法规履行基本职责，满足使用体育资源的受益者身心锻炼的需要；②提升体育资源配置行政人员的业务素养，加大体育资源配置的执行力度；③激发和强化体育资源使用受益者的健身意识，提高体育资源的利用率。

（三）公共体育资源配置的组织保障

1.公共体育资源配置组织保障的特点

加强组织保障是建设公共体育资源配置保障体系的重要组成部分，它属于机构建设的范畴，是体育资源配置保障体系的基本保证。组织保障又可以分为体育资源配置的政府领导机构和指导城市体育活动的组织管理机构。组织保障的目的是确保体育资源配置合理布局，打通体育资源服务市场的流通渠道，达到体育资源配置的合理共享的目的，提升城市居民体育活动积极性。

当前，大多数城市还没有设立公共体育组织机构。因此，普遍设立专门的城市公共体育组织机构已成为当务之急。目前承担城市体育活动指导任务的主要是社会体育指导员、社区有锻炼经验的热心居民、离退休人员、社区学校的体育老师和爱好体育的在校大学生。如今体育指导需求日益增长，对锻炼的科学性、质量、趣味娱乐性等要求不断提高，对指导服务人员的业务质量和数量也有较高的要求。因此，体育活动的开展应多任用曾接受过体育专业知识培训的社会体育指导员和学校的体育老师。总而言之，组建和加强公共体育资源配置的组织管理机构，提高社会体育指导员服务的数量与质量，是完善公共体育资源配置保障体系的重要保证。

2.公共体育资源配置组织保障的策略

（1）顺应行政机构改革大潮流，完善体育行政机构功能，明确相关职责。目前，公共体育资源配置中存在着职能交叉重叠问题。为此，相关体育行政部门应顺应改革趋势，专注公共体育资源配置，把非公共体育资源交给市场，由工商行政机关行使其监督管理权。

（2）相关行政机构应依法行使体育资源配置职能。各相关行政机构在行使体育资源配置职能过程中，要严格遵照我国相关法律规定。《中华人民共和国反垄断法》的出台，无疑为中国市场经济中的公平竞争提供了必要的法律保障，其中的第八条就明确规定："行政机关和法律、法规授权的具有管理公共事务职能的组织不得滥用行政权力，排除、限制竞争。"市场经济在一定意义上也是法治经济，市场主体和市场管理者都要依法行事。主体要依法"经营"，管理者要依法规范管理，双方在法律面前一律平等，彼此协调各自的利益。体育体制改革的一个重要方面是法治化。作为公共服务部门的体育行政机构，在涉足众多营利性的体育产品开发时，其自身的公益性正变得有些模糊，这也使得体育资源的公共性与非公共性的界线变得异常模糊。因此，还原体育行政部门的本来职责，既是体育行政部门未来的改革趋势，又是市场经济对体育资源配置中政府行为的基本要求。

综上所述，不同公共体育资源配置之间能够相互利用、融合，必须有相适应的组织机构统筹兼顾，通过政府组织来解决处理矛盾、沟通信息、共享资源、互通人员等诸多问题，而传统的各自为营、单兵作战的组织结构显然不能满足新时期资源配置的需求，必须改变过去条块分割、分散不集中的状况，统筹规划，全面安排，以公共体育资源配置和谐共享为中心，实现真正意义上的一体化公共体育资源配置整合，建立有利于各种体育资源相互协调、相互利用的组织体制，保证体育资源的合理协调整合。

二、公共体育资源合理配置的路径选择

（一）财政支持

深化财政制度改革，提高财政资金配置绩效。各级地方政府部门要进一步提高对公共体育资源配置重要意义的认识。公共体育资源配置属于惠民工程、文化建设重大工程，各级政府部门尤其是体育部门要高度重视，把这项工程纳入城市建设规划及经济社会发展规划之中，明确责任与分工，各部门加强协作与配合，以确保公共体育资源合理配置的实现。就目前我国财政现状而言，在有限的

财力下大幅度提高公共体育资源配置财政支出是不现实的。并且，在某些地方行政体制不完善的情况下，亦难以保证社区公共体育资源配置资金完全用于公共体育资源配置之中。因此，必须深化财政制度改革，增强地方政府公共体育资源配置的能力。

首先，明确各级政府在公共体育资源配置中的事权。在原有事权划分原则下，中央政府应以实现公共体育资源合理配置为目标，强化再次分配的职能。公共体育资源合理配置应由中央政府和地方政府共同实施完成。

其次，改革预算制度，强化预算管理和监督。建立财权和事权相对等的公共体育资源配置财政体制。根据财权和事权相统一的原则，给予各级政府体育部门与供给公共体育资源责任相当的财政权力，确保各级政府体育部门有充足的财力去实施公共体育资源配置。

最后，完善并加大公共体育资源配置财政转移支付力度。通过设计科学、合理的转移支付制度，完善和规范中央财政对地方的转移支付制度与体系。坚持纵向转移与横向转移相结合，在加大中央及各地方政府之间的纵向转移力度、优化转移支付结构的基础上，根据各省（包括自治区、直辖市）所属各县、市、区的经济发展水平及体育资源配置状况，科学设置转移支付项目，做到专款专用，形成均衡的财力分配布局，增强地方政府公共体育资源配置能力，缩小城市公共体育资源配置上的差距。

（二）多元供给

引入福利多元化理念，构建多元化配置模式。近年来，我国公共体育资源配置取得很大进展，但依然还存在着诸多亟须解决的问题，仍然无法满足公民多样化的体育需求。各级政府体育部门应转变思维，改变政府是公共体育资源配置唯一主体的传统观念，适时引入"购买服务"的机制。尤其是在目前公共体育资源配置缺乏足够资金保障的情况下，将配置责任下放，允许私营机构、社会团体进入该领域。努力拓展公共体育资源配置的融资渠道，实施"多主体、多方式"的配置模式，促进公共体育资源配置主体的多元化，形成政府组织、社会机构和私营组织"并存、竞争"的格局。

公共体育资源配置主体的多元化、渠道的多样化，是公共体育资源配置的趋势。要以政府为主体，形成公共体育资源配置主体多元化的格局，就必须通过

"市场竞争"来实现公共体育资源配置的市场化和社会化。

第一，加快建立服务型政府，确立政府在公共体育资源配置上的主导地位，引导各级政府由"金牌唯上"向"公共服务"的意识转变，促使其由"管制型"政府转变为"服务型"政府。

第二，政府体育部门在公共体育资源配置过程中要转变对市场的排斥观念，树立市场意识，充分发挥市场的力量，作为政府部门在公共体育资源配置中的有力的补充。

第三，进行制度创新，积极营造市场组织、社会团体等社会力量参与公共体育资源配置的制度环境。通过合同外包、采购招标、成本补贴、特许经营、税收优惠等方式与社会力量建立平等服务购买关系，逐步建立多元化配置体系。

第四，在允许社会力量参与的同时，通过加强对社会团体、市场组织等社会力量的规范组织、完善监督和绩效考核，实现对公共体育资源配置主体的有效监督。同时，对在公共体育资源配置中做出突出贡献的社会力量进行物质或精神奖励，激励其继续为公共体育资源配置提供支持与援助，从而形成政府、市场组织、社会团体、公民共同受益的多赢局面。

（三）组织安排

充分发挥中华人民共和国全国人民代表大会（以下简称全国人大）职能，助推公共体育资源合理配置。实现公共体育资源的合理配置既是贯彻落实科学发展观，又是建设和谐社会的必然要求。全国人大作为代表人民行使国家权力的机关，负有推进城市社区公共体育资源合理配置的实现的责任。

（1）行使好立法权，建立健全公共体育资源合理配置的法治体系。全国人大是我国最高的立法机关，应从"以人为本、关注民生"的高度，加快构建公共体育资源配置的法治体系。具体说来，应着重以下三个方面。

第一，通过制定或完善公共体育资源配置领域的法律、法规，以法律条文的形式规定公民享受公共体育资源是公民的基本权利。

第二，通过加快相关立法，增强公共体育资源配置的规范性及约束性，即以"法律"的形式明确各级政府在公共体育资源配置方面的责任，逐步使政府在公共体育资源配置中的职责法定化；通过立法，明确企业、社会团体或个人等多元主体在公共体育资源配置中的定位，鼓励社会多元化主体的参与。

第三，依据配置均等化的原则，将公共财政纳入法治化轨道，确保公民在财政投入上享有均等的公共体育资源，特别是要明确财政转移支付的原则、形式、预算等，确保转移支付制度的正常运行。

（2）加强对预算的监督，促进财政转移支付不断优化。目前，各级政府在公共体育资源配置方面的事权和责任划分尚不清晰。地方体育政府部门忽视公共服务职能建设，片面追求经济金牌效应，以"金牌"论英雄。另外，财政监督机制不健全，是造成目前公共体育资源配置不合理的主要原因。人大常委会拥有预算监督的权力，对于公共体育资源配置财政转移支付情况，可以进行重点监督，并实施定期检查的制度。具体来说，可从三个方面进行重点监督：第一，加强对公共体育资源配置财政预算的监督，促进政府及相关部门优化公共体育资源配置的财政转移支付结构，加强对转移支付资金使用的管理，杜绝一切"乱用、滥用、挪用"的现象，确保资金用于公共体育资源配置；第二，加强实地调查研究，及时发现转移支付中存在的问题，分析原因，找出对策；第三，监督和支持各级政府体育部门不断规范公共体育资源配置资金转移支付分配方法，采用公式法、因素法或"以奖代补"的方法分配资金，调动各地区政府部门在公共体育资源配置中的积极性，以此形成良性互动机制，为公共体育资源合理配置的实现创造良好的氛围。

（四）基层参与

1.健全公民自主决策机制，保障公民的参与权与决策权

建立健全公民自主决策的公共体育资源供给机制，尊重公民的主体地位，切实保障公民在公共体育资源配置中的参与权与决策权，这是确保公共体育资源合理配置的关键。过去，在公共体育资源配置中，地方政府往往把公民作为被动的客体，多数以自己的主观想象来决定公共体育资源配置的各项内容。在这些建设内容中，有些也许正好解决了公共体育资源配置中的不足，满足了社区居民多样化的体育需求；但大多数建设项目由于缺乏公民的积极参与而成了形象工程，没有真正满足公民的体育需求，进而造成了公共资金的浪费。因此，尊重公民的主体地位，要切实保障公民在公共体育资源配置中的参与权与决策权。但是，尊重公民的主体地位，切实保障公民在公共体育资源配置中的参与权与决策权，并非否定政府在公共体育资源配置中的主导作用。因为公共体育资源合理配置的资

金、最终决策权仍掌握在政府手中，因此还应充分发挥政府的主导作用，才能切实保证公共体育资源合理配置取得实效。现代政府在本质上是服务型政府，政府创新的合法性和权威性与其所提供服务的数量、质量、效率和有效性存在着紧密的正相关的关系。但是，政府发挥主导作用必须以尊重公民主体地位为前提，在制定与实施公共体育资源配置时，要与公民进行沟通和交流，力求获得公民的想法与建议。只重视政府的主导作用而忽视公民的主体地位，会造成公共体育资源配置过程中的盲目和浪费；只重视公民的主体地位而忽略了政府的主导作用，亦会造成公共体育资源配置成为"空中楼阁"。

当前，尊重公民的主体地位，切实保障其在公共体育资源配置中的参与权与决策权，首先要解决的就是改变传统的"自上而下"的城市社区公共体育资源配置决策体制。政府应以公民意愿代替行政计划，以公民参与代替精英设计，重视公民的需求与偏好，不断推进社区基层民主制度建设，完善公共体育资源配置投资决策程序，真正建立并形成体现广大公民对公共体育资源需求意愿的需求表达机制。建立体现公民需求意愿的表达机制具体可采取两种方式。一是调研的方式。可以对具体配置地抽取样本，通过访谈、调查问卷等方式，了解公民真实的体育需求，建立"自下而上"的决策模式。二是探索"一事一议"的模式。即通过"一事一议"的具体决策方式，实现公民对公共体育资源真实需求的表达。不管采取何种形式，目的都是为了让公民有便捷的渠道来表达对公共体育资源的真实需求，让政府有可靠的渠道获取公民对公共体育资源需求的真实信息，进而便于做出科学决策，实现公共体育资源的合理配置。

2.创新工作方式方法，提高公民的满意度

近年来，随着国家对公共体育的重视，在公共体育资源建设上的投入不断增加，城市公共体育资源不足的状况有了明显改善。另外，居民对公共服务的表达权、知情权、监督权有利于改善公共服务的结构，提供居民所需要的公共服务；同时，也有利于公共服务效率的提高。因此，为了提高公共体育资源配置的满意度，必须创新工作方式方法，采用非强制性的管理方式方法。

通常情况下，如果采用非强制性的行为方式能达到与强制性方式同样的效果，则应采用非强制性行为方式，因为这样将有助于调动公民参与的积极性，减少政府与公民之间的误解，提高公民对公共体育资源配置的满意度。公共体育资源配置实质上就是"为民服务，为民谋利益"，因此非强制性的行为方式可以广泛运用。在非强制性管理方式中，行政合同和行政指导是比较成熟的，可以在公共体育资源配置中大力推广。

行政合同也称"行政契约"或"公法上的契约"，是指行政机关以实施行政管理为目的，与行政的相对人员就有关事项经协商一致而成立的一种双方行为行政合同，是一种较为民主、富有弹性的管理手段。在城市公共体育资源配置中引入行政合同制度，可以通过法律途径将公民纳入公共体育资源配置，以确保公民的参与权与决策权的真正实现。

行政指导是行政机关在其职能或管辖事务范围内，为适应复杂多样的经济和社会管理需要，基于国家的法律精神、原则、规则或政策，适时灵活地采取指导、劝告、建议等非强制性方法，谋求相对人同意或协助，有效地实现一定行政目的的行为。在公共体育资源配置中，单一强制的管理方式将会很容易引起公民的反感。而行政指导以公民的意愿为前提，非常符合公共体育资源配置的环境，柔性灵活的行为方式也容易提高公民对公共体育资源配置的接受度与满意度。

（五）绩效评估

1.构建公共体育资源配置的标准机制

自20世纪公共管理运动以来，标准化运动在政府管理工作中得到广泛的运用。总的来说，政府公共服务标准化战略安排和实践主要是借鉴和运用企业管理中的量化管理方式和客户服务标准，对公共管理者进行绩效评价，践行"顾客导向"的管理和服务原则。构建城市社区公共体育资源配置的标准势在必行，以便各级政府部门按照标准提供体育资源配置，但是鉴于我国实际的经济发展水平，我国公共体育资源配置的标准不宜太高。同时，公共体育资源配置的范围和标准不应该是固定不变的，而应该是随着社会经济发展条件的改善及各地的实际情况呈现一种动态变化。

首先，要制定全面、适宜的公共体育资源配置参照标准。既要有定量的指标，也要有定性的标准；既要有单项指标，还应有综合指标；既要有普及性的标准，也要有地域性的标准。其次，政府还要制定详细的配置规划，确定公共体育资源配置的范围、种类等，包括资金、设施、机构及人员配备等相关标准。最后，还要建立公共体育资源配置标准定期调整机制。

2.完善城市社区公共体育资源配置的监管机制

公共体育资源配置属于政府公共服务的范畴。在现行体制与旧观念的双重约束下，在全国各地普遍形成的"重GDP增长、轻社会事业，重管理、轻服务"的理念下，公共体育资源配置带有鲜明的"行政化"特征。因此，必须要建立有效的监管体系，有五个方面要考虑。第一，要建立监测评估制度。开展对各地域公共体育资源配置情况的量化评价，及时发布年度公共体育资源配置评估结果。第二，完善督查反馈制度。加大对各地公共体育资源配置情况的督查力度。第三，建立绩效考评制度。将有关公共体育资源配置的相关指标纳入各地体育部门领导干部年度责任考核的指标体系，并将考察结果作为领导干部政绩考评的主要依据。第四，落实行政问责制度。对公共体育资源配置实行终身责任制，严格追究责任。第五，充分发挥社会组织、团体在提供公共体育资源方面的监督作用。

3.创新公共体育资源配置的绩效评估机制

配置公共体育资源，其服务的对象是公民，因此根据公民的需要（居民满意度）来设计科学合理的公共体育资源配置政绩评价指标体系及考核机制，是督促各级政府尽职尽责，保证各地区公共体育资源配置目标实现的必然选择。绩效评估并不是一个单一的行为过程，它包括绩效评估标准设计、绩效考核、评估结果反馈等环节。

以立法形式规定公共体育资源配置绩效评估体系，是实现公共体育资源合理配置的一个重要环节。首先，寻求合理的公共体育资源配置绩效评估价值取向，进而构建一套科学的绩效评估标准体系；其次，绩效考核的主体及评估的方式方法、过程要确保科学合理，要加强媒体、网络监督；最后，建立一套有效的信息沟通及反馈机制，重视对绩效考评结果的使用及根据实际变化对评估体系定期调整。

第四节　公共体育资源合理配置的效率评价

一、公共体育资源配置效率的内涵

在对公共体育资源配置效率进行测度时，还要知道资源配置效率又包含多种不同的效率值，如技术效率、纯技术效率、规模效率和配置效率等。

通常对公共体育资源配置效率的理解是投入和产出的比值，即效率＝产出/投入，这种生产率的计算对于单投入和单产出的计算来说是非常简单的，但对于公共体育资源的投入和产出而言，需要使用一种把多种投入聚合成投入单一指数的方法来得到生产率的比率测度。1957年，法瑞尔（M.J.Farrell）在《生产效率度量》一文中从投入角度对技术效率进行了定义："技术效率是指在产出规模不变、价格不变的情况下，按照既定的要素投入比例，生产一定量产品所需的最小成本和实际成本的百分比。"1966年，勒宾森（Leibenstein）从产出角度对技术效率进行了定义："技术效率是指时间产出水平与在相同的投入规模、投入比例及市场价格条件下所能达到的最大产出量的百分比。"技术效率反映了公共体育资源配置过程中由一个给定的投入集合中获得最大产出的能力。

通常意义的效率是指技术效率和配置效率的乘积。而技术效率又可以分为纯技术效率和规模效率。纯技术效率是指测量社区能否有效利用已投出的资源要素，使产出效益最大化，该值是投入资源要素实际使用过程的效率。规模效率则指的是社区每年产出与投入的比例是否适当，实现产出最大化，该值越高表示规模越适合，产出规模也越大。规模效率反映公共体育资源配置的规模是否为最优状态。公共体育资源配置的规模效率就是指公共体育资源配置行为最优规模所实现的效率。

二、公共体育资源配置效率评价的内容

公共体育资源配置效率评价的内容主要包括两个方面：第一，对不同区域的公共体育资源配置的效率进行测度；第二，对影响公共体育资源配置效率的因素进行分析。公共体育资源配置的效率的测度，强调公共体育资源投入和产出之比，且公共体育资源的投入和产出还具有一定的累积性，强调的是公共体育资源的总投入和总产出。该种研究方式是把公共体育的投入和产出看作一个整体，对整体的运行效率进行客观的评价，在客观评价的过程中还对影响公共体育资源配置效率的因素进行分析和讨论，使对公共体育资源配置效率的评价和影响因素的分析有效结合起来，有助于更客观地对公共体育的配置行为进行评价，从而为公共体育资源配置行为提供科学的决策。

公共体育资源配置效率评价研究的过程包括评价指标的选取、评价方法的

选择、评价模型的构建等，指标选取得是否合理、方法选择是否正确、模型构建是否科学等均影响公共体育资源配置效率测度的结果。如果将效率测度的结果应用于公共体育资源配置科学决策的过程中，不同的测度结果对配置行为会有着不同的指导方向。正确的测度结果，有助于提高公共体育资源配置的科学决策的效率；错误的测度结果，不仅对决策者的科学决策没有任何的帮助，反而会引导决策者产生错误的配置。因此，在公共体育资源配置效率评价的过程中，合理地设计资源配置效率的指标体系，选择正确的测度方法和构建合理的测度模型将对公共体育资源配置效率的评价和影响因素分析的合理性和正确性具有重要的意义。

三、公共体育资源配置效率评价指标体系的构建

根据公共体育资源配置评价的主要内容，主要从效率测度指标体系和影响因素回归分析指标的选取两方面对指标进行选取。首先，是关于公共体育资源配置效率测度的指标体系的设计。其次，是关于影响公共体育资源配置效率变化的指标体系的设计。前者主要是依据公共体育资源配置主体、客体的分析和理解，从公共体育资源投入和产出两个方面进行效率测度评价指标体系的设计，而这种效率测度的模式把公共体育资源配置的系统看作是一个封闭的系统（黑箱），不关注社区体育资源配置系统的内部结构、外界环境、运行机制等对资源配置行为的影响，只强调配置系统的结果。后者主要把公共体育资源配置系统这个"黑箱"打开，从配置系统的内部结构、外界环境及运行机制等方面对产生相应配置结果的原因进行分析。关于单纯的公共体育资源配置效率的评价指标体系的设计主要是从基础性核心公共体育资源要素中进行选取，而关于影响公共体育资源配置效率变化的影响因素的指标体系主要是从整体功能性公共体育资源要素和配置环境等多方面的因素中进行指标的选取。[1]

（一）影响公共体育资源配置效率的因素分析

公共体育资源配置效率受公共体育资源配置系统的内部结构、配置环境及运行机制的影响。公共体育资源配置的内部结构特征表现为静态性，资源配置的运行机制则表现出动态性，配置结构和运行机制主要是通过整体功能性公共体育资源作用于基础性核心公共体育资源而对公共体育资源配置的效率产生影响的。

---
[1] 陈华伟.社区体育资源配置理论与实证研究[D].福州：福建师范大学，2014：105-132.

同时，公共体育资源配置的环境子系统和环境超系统对公共体育资源配置效率的影响也是主要通过整体功能性公共体育资源的作用过程来实现的，即制度、文化、市场等多种资源作用于人、财、物、信息等资源要素来影响公共体育资源配置的效率，因此配置环境也是影响公共体育资源配置效率的主要因素。因此，影响公共体育资源配置效率的因素有以下五点。

（1）居民的消费水平对公共体育资源配置效率的提高具有正效应。由于我国社区资源的公共物品属性，公共体育资源主要是由政府部门配置的，政府在配置的过程中更多为了促进社会公平、保障居民的体育权利，而对配置效率关注较少。而居民作为公共体育资源使用的主体，在使用过程中存在公共体育资源未能满足需求的现象，居民为了满足自己的体育需求，主动投入更多的经费和资源，这对促进公共体育资源配置效率的提高具有正效应。在对居民的消费水平对公共体育资源配置效率的影响测度时，主要用居民消费水平、居民的收入水平来测度。

（2）区域经济发展水平对公共体育资源配置效率的提高具有正效应。经济发展水平较好的省市，拥有更好的经济基础，地方财政能够投入更多的经费资源以促进公共体育的发展。而由于我国正处于公共体育财力资源投入产出弹性高于人力资源投入产出弹性的阶段，因此投入较多的公共体育财力资源能够促使公共体育资源配置具有更高的效率。而经济发展水平较高的地区，公民参与体育的意识更强，参与活动的频次更多，对公共体育资源配置效率的提高也具有积极的作用。

（3）群众体育经费在体育事业费中结构的变化与公共体育资源配置效率的变化有着紧密的联系，群众体育经费在体育事业费中的比重的增加对公共体育资源配置效率的提高具有正效应。国家在体育发展中的投入主要包括对竞技体育的投入和对群众体育的投入。长期以来，我国对竞技体育投入的比例明显高于对群众体育的投入，群众体育资源投入不足的现实是制约我国公共体育发展的主要因素。但是，随着体育强国发展战略的提出，群众体育在体育发展中的重要性被提及，群众体育事业费在体育事业费中的结构比例也发生了变化。对群众体育投入的增加，有利于公共体育资源配置总量的增加，形成资源的溢出效应，可以进一步促进公共体育资源服务和产品的增加，从而对公共体育资源配置效率的提高具有促进作用。

（4）人民体育意识的提高，意味着人民愿意投入更多的精力、财力等积极参与公共体育活动，对公共体育资源配置效率的提高具有正效应。人民作为公共体育活动的参与主体，其体育意识的提高可以有效地促进公共体育资源配置效率的提高，而对效率提高的影响则可以从投入和产出两个方面来分析：第一，从投入方面来说，可以增加人民参与体育活动的积极性，人民愿意投入更多的时间和财力去参与各种体育活动，从而有利于公共体育资源配置效率的提高和结构的优化；第二，有利于发挥公民积极参与公共体育活动的带头作用，影响更多的家庭成员参与公共体育活动，促进公共体育产出的增加。上述内容有利于公共体育参与主体积极性的提高，对公共体育资源配置效率的提高具有促进作用。

（5）区域教育水平对公共体育资源配置效率的提高具有正效应。体育是教育的重要组成部分，我国在体育教育方面一直贯彻"终身体育"的思想，公民在接受体育教育时所培养的体育兴趣、掌握的体育知识、形成的体育习惯等对其积极地参与体育锻炼具有重要的影响。教育规模的扩大、教育水平的不断提高包含体育的主体内容，在教育过程中培养积极参与体育锻炼的习惯，进行体育健康知识的传播，营造有利于身体健康和参与体育锻炼的氛围和环境，促进公共体育资源的有效使用，对公共体育资源配置效率的提高具有促进作用。在对公共体育资源配置效率的影响因素进行回归分析时，主要用教育经费支出占GDP的比例来反映区域的教育水平。

（二）公共体育资源配置效率评价指标体系构建的原则

1.系统性原则

指标体系应能全面反映评价对象的本质特征和整体性能，指标体系的整体评价功能应大于各分项指标的简单总和。公共体育资源配置效率的评价主要是投入和产出指标的选择，公共体育资源配置的过程本身就是一个完整的系统，在配置效率评价的指标选择上应坚持系统性原则，使指标体系层次清楚、结构合理、相互关联、协调一致。要抓住主要因素，以保证评价的全面性和可信度。

2.科学性原则

评价指标体系的建立应保持体系的完整性，应能全面反映评价对象的本质特征，所选指标之间应遵循一定的逻辑关系。公共体育资源配置效率的评价主要是依据投入—产出的过程，选择相应的投入或产出的指标，能比较全面地反映资源配置效率评价的客观需要。在投入产出指标的选择及定义方面要准确，方法要科学，以保证效率评价的效果。

3.可操作性原则

指标体系的构建主要是用于公共体育资源配置效率评价的实际工作，以便更好地评价公共体育投入和产出效益情况，进而对效益较低的区域、街道、社区给予优化配置的建议。因此，指标体系的建立应具有可操作性，宜选择通过相关统计资料、调查或是相关主管部门可以获取的指标纳入指标体系。一方面，应考虑指标体系中的指标数据的获取的可行性及来源的稳定性情况；另一方面，要考虑指标的计算方法是否准确、规范，以保证公共体育资源配置效率评价指标体系具有较强的操作性。

4.代表性原则

由于公共体育发展过程中投入的资源非常丰富，有人力资源、物力资源、财力资源、信息资源、组织资源等，而各资源元素中包含不同的分类，因此在选取指标的过程中应选取具有代表性的关键指标。在坚持系统性、科学性的基础上应选取最能体现公共体育投入产出本质的指标进行效率的测度。同时还应以具有纵向、横向可比性的指标为主，以保证评价的准确性和科学性。

5.动态与静态相结合原则

为了对多年份公共体育资源配置的面板数据进行有效的效率测度，在指标的选择和体系的设计上还应坚持动态与静态相结合的原则。指标体系在指标的内涵、数量及体系的构成上均应保持相对稳定性，这样可以进行面板数据的对比和分析。评价指标的稳定是一个相对的概念，随着公共体育的发展，不同区域、街道、社区，不同年份，衡量公共体育资源配置效率的相对效率值也会发生一定的变化。因此，评估指标的选取应据效率测度的需要进行相应的调整，以契合效率测度的实际。

（三）公共体育资源配置效率评价指标体系的理论模型

评价指标体系构建的理论模式的建立有助于提高评价指标体系构建的科学性；有助于评价过程的操作和规范。并且，科学合理的评价指标体系的构建模式有助于发挥社会评价的作用，促进项目的发展，使项目的效益符合社会发展的总体目标。《新编社会学辞典》中指出：建立科学的社会指标体系首先需要对整个指标体系建立具有重大指导意义的统一的理论模型。人们在建立指标体系时多确立"条件（投入）—结果（产出）"模型、"（需要）—条件—效益"模型、"投入（输入）—运行（过程）—产出（输出）"模型、"条件（投入）—运行—结果（产出）"模型、"过程—目标"模型、"配置—运行—效益"模型等。

公共体育的资源配置需要政府的大力支持，同时还需要市场要素的调节及非营利体育组织和公民个人的积极参与。在对公共体育资源进行配置时还需要制度资源、文化资源等资源要素的保障，进而使公共体育资源配置系统的效益增加。公共体育资源配置效率评价的实质是在现有资源条件下我国公共体育资源配置的水平及资源利用的效益问题。所以，提出了公共体育资源配置效率评价的理论模型为"资源配置—效益"模型，也可以表述为"投入—产出"模型。本文对资源配置效率评价指标体系强调对配置效益问题的整体把握涉及较多，对公共体育资源配置的规模水平及均衡情况涉及的较少。进行公共体育资源配置效率评价的目的主要是探索导致配置效率不高的主要因素，进而提高配置决策的科学性，以尽可能少的投入获得较多的正效益。理论模型反映了公共体育资源配置的本质特征，体现了资源配置效率评价的特点，为公共体育资源配置效率测度指标体系的构建提供了理论框架的依据。

（四）公共体育资源配置效率评价指标体系的构建过程

1.指标初选

基于对公共体育资源配置理论的研究及配置行为的理解和对"资源配置（投入）—效益（产出）"理论模型的分析，主要从投入系统和产出系统两个方面对效率测度指标进行选取。

投入系统主要包括6个指标，分别是：人力资源要素指标、物力资源要素指标、财力资源要素指标、信息资源要素指标、制度资源要素指标、组织资源要素指标。各资源要素系统又包含更为具体的资源要素指标：人力资源要素指标包括公共体育管理人员数、社会体育指导员数、公共体育骨干数；财力资源要素指标包括政府投入群众体育事业经费额、体育彩票投入经费额、社会投入经费额、居民体育消费支出等；物力资源要素指标包括公共体育场地面积、公共体育场馆数、全民健身工程数、辖区学校体育场地开放情况等；信息资源要素指标包括全民健身宣传活动、健身知识讲座开展次数等；制度资源要素指标包括公共体育管理制度、公共体育工作考核办法、体育工作计划和总结等；组织资源要素指标包括晨晚练点数、体育社团组织数、社区体育俱乐部数等。

对于公共体育资源配置的产出系统来说，主要包括4个二级指标，分别是：体育参与指标、体育活动指标、居民健康指标、居民体育意识指标。体育参与指标主要用经常参加体育锻炼的人数来反映；体育活动指标用年举办群众性体育活动的次数和年群众性体育活动的参与人次来反映；居民健康指标主要用居民参与国民体质测试合格人数和参与国民体质测试合格率来反映；居民体育意识指标主要包括居民参与体育活动的积极程度、居民对健康的关注程度、居民对公共体育环境的满意程度等。

2.指标筛选

指标筛选的流程如图2-2所示。

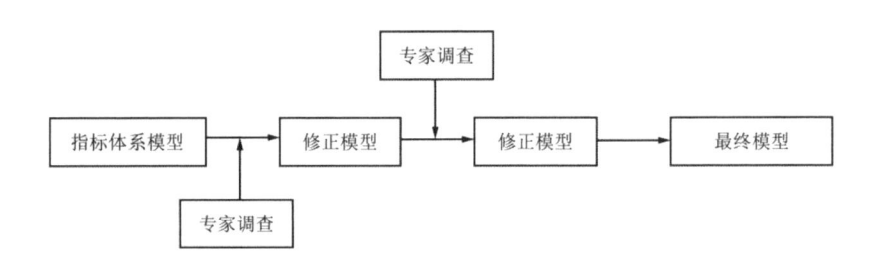

图2-2　公共体育资源配置效率评价指标筛选流程

3.专家调查结果与分析

为了有效筛选公共体育资源配置效率评价指标，选取了20名体育社会学、体育管理学的专家及体育局主管群体、政府工作人员作为调查对象，进行专家问卷调查。

（1）一级指标的调查结果与分析。在第一轮的专家问卷调查中，主要采用开放式和封闭式相结合的调查形式。初步建立的社区体育资源配置效率评价指标体系中，一级指标包括公共体育投入指标和公共体育产出指标。专家对指标的选取给予了充分肯定，认可率为100%。

（2）二级指标的调查结果与分析。二级指标主要反映一级指标所包含的主要内容，并能代表一级指标。二级指标主要包括公共体育人力资源、公共体育财力资源、公共体育物力资源、公共体育信息资源、公共体育组织资源、公共体育制度资源6个投入指标和居民体育参与指标、居民体育活动指标、居民健康指标、居民体育意识4个产出指标。二级指标也得到了专家的高度肯定，但部分专家提出了修改建议。①专家建议在公共体育投入指标中删除公共体育制度资源指标。原因主要是该指标不易量化测量与比较。考虑到该指标在实际测度中确实存在不易量化处理的问题，将该指标删除，其包含的3个三级指标也予以删除。②专家建议在公共体育产出指标中删除居民体育意识指标。主要考虑居民体育意识的变化属于公共体育投入资源的间接产出且存在不易测量的问题，将该指标删除，其包含3个三级指标也予以删除。通过采纳专家的建议，结合文献和社区体育资源配置效率的自身特性，并考虑到可操作性的问题，最后确定了8个二级指标。

（3）三级指标的调查结果与分析。①专家建议在公共体育人力资源中删除公共体育管理人员和社区体育骨干，主要考虑指标体系的精简，采纳了专家建议，对公共体育管理人员数和公共体育骨干数予以删除。②专家建议在公共体育财力资源中删除社会资金投入数和人均体育消费支出。主要考虑到社会资金投入的数量相对较少且不易获取相应数据，居民的体育消费支出应为配置效率的因素，采纳专家建议，对社会资金投入和人均体育消费支出予以删除。③专家建议在公共体育物力资源中删除体育健身器材数。主要考虑体育健身器材的统计标准不易统一，统计将存在较大误差，因此将该指标删除。④专家建议在体育参与指标中删除经常参加体育锻炼的人数占总人数的比例，居民健康指标中删除参与国民体质测试合格率。主要考虑效率测度过程中宜采用基数，因此将上述两个指标删除。

4.指标释义

（1）公共体育投入指标。①公共体育人力资源投入指标。根据公共体育活动开展的本质特征，公共体育人力资源的投入主要是社会体育指导员数，并且相关数据在体育部门的统计工作中都有所体现。社会体育指导员数基本能够反映公共体育人力资源投入量。②公共体育财力资源指标。公共体育财力资源的投入主要包括政府部门财政投入群众体育事业经费额、体育彩票投入经费额。相对不同地区来说，财力资源投入的种类各不相同，应按照经费投入的总额来反映财力资源的投入情况。③公共体育物力资源指标。公共体育场地面积、全民健身工程数能反映公共体育物力资源投入的整体情况。④公共体育信息资源指标。全民健身宣传活动、知识讲座开展次数是反映公共体育信息资源的重要指标。考虑资源配置效率测度主体的因素及选择指标数量的限制，仅选择全民健身宣传活动、知识讲座开展次数作为反映公共体育信息资源的效率测度指标。⑤公共体育组织资源指标。社会体育组织包含种类比较多，晨晚练点是公共体育开展中重要的组织形式。

（2）公共体育产出指标。①居民体育参与指标。经常参加体育活动人数一般是指经常从事身体锻炼、身体娱乐，进行专项训练及其他与体育运动有关的人群的总数。经常参加体育锻炼的人数在很大程度上反映了某一地域范围内群众体育的参与程度。公共体育资源投入的主要目的就是增加经常参加体育锻炼的人数、开展群众性体育活动、增强公民体质等，所以选择经常参加体育锻炼的人数作为反映居民体育参与情况的重要指标。②居民体育活动指标。年举办群众性体育活动的次数、年群众性体育活动的参与人次是反映公共体育活动开展情况的重要指标。年举办群众性体育活动的次数是指不同地域层级组织开展的群众性的竞赛、表演等活动。年群众性体育活动的参与人次是指参与不同地域层级组织部门组织的群众性体育活动的人次，将上述两个指标均作为反映居民体育活动的效率测度指标。③居民健康指标。公民参与国民体质健康测试情况能够反映公民的身体健康状况。所以把国民体质测试合格人次作为反映居民健康程度的效率测度指标。

第三章 公共体育场馆资源的经营管理与建设

第一节 公共体育场馆资源建设管理的内容

一、公共体育场馆的属性

公共体育场馆是指供人们进行运动训练、运动竞赛及锻炼身体的专业性场所。[1]它是为了满足运动训练、运动竞赛及大众体育消费需要而专门修建的各类运动场所的总称。目前，我国的公共体育场馆主要包括对社会公众开放并提供各类服务的体育场、体育馆、游泳馆，体育教学训练所需的田径棚、风雨操场、运动场和其他各类室内外场地，以及人民群众进行体育健身、娱乐休闲活动所需的体育俱乐部、健身房、体操房与其他简易的健身娱乐场地等。

（一）公共体育场馆的产业属性

在产业组织理论中，产业指存在和发展于社会劳动过程的、融各类生产要素于一体的、相互联系和制约的一种社会生产的基本组织结构体系，是国民经济以某一依据划分的部分。产业有三个层次：第一层是以同一商品市场为单位划分的产业；第二层是以技术、工艺的相似性为根据划分的产业；第三层是以经济活动的阶段为依据划分的产业。

公共体育场馆的产业属性是由它在国民经济和社会发展中的地位与作用决定的。当时，体育产业被置于第三产业的第三层次，构成卫生、体育和社会福利业。在当时的划分标准中，体育产业没有次级分类，对体育的描述是"包括组织和举办的各种室内外体育活动及对进行这些活动的场所和设施的管理"。公共体育场馆是衡量我国体育产业发展水平的一个重要指标，为我国公共体育场馆今后的发展定位和服务方向提供了政策依据。

---

[1] 万来红.体育场馆资源利用与经营管理［M］.武汉：华中科技大学出版社，2010：10.

（二）公共体育场馆的社会公益属性

在法理学上，社会公益是一个与私人利益相对应的范畴。社会公益具有客观性和社会共享性。所谓的客观性，是指社会公益并不是社会所有成员个人利益的叠加，也不能简单地理解为个人基于利益关系而产生的共同利益。不管人们之间的利益关系如何，社会公益都是客观存在的，尤其是外生于共同体的公共利益。这些利益客观地影响着共同体整体的生存和发展，尽管它们可能并没有被共同体成员明确地意识到。所谓社会共享性，是指社会公益的相对普遍性或非特定性，即它不是特定的、部分人的利益，而是社会全体成员共享的。公共物品和公共服务是社会公益的物质表现形式。同理，公共体育场馆是体育社会公益的物质表现形式，因此公共体育场馆具有社会公益的属性。具体而言，我国公共体育场馆的公益性主要体现在以下两个方面。

（1）绝大多数公共体育场馆是国家利用公共土地资源、使用社会纳税人缴纳的税金建设起来的，国家有义务、有责任保障社会纳税人的基本权益。

（2）公共体育场馆的服务内容必须适应和谐社会的客观要求。国家促进社会平等，保护国家的根本利益，建立社会保障体系，低价甚至免费向相关弱势群体提供相应服务，是改善和提高人民群众整体利益和基本福利的社会职能的一种体现。例如，国家"奥运争光"计划、国防体育、学校体育、公共场所简易体育设施、残疾人体育等以服务国家整体利益为取向的服务内容，公共体育场馆的服务活动应体现公益性。

（三）公共体育场馆的商品属性

公共体育场馆也是一种商品，只有把公共体育场馆作为商品来进行研究和分析，很多问题才能迎刃而解，否则难以找到问题所在。既然公共体育场馆是一种商品，那么它就有自己的生产者和消费者，当然，作为一种特殊的商品，公共体育场馆具有自身的特性。

（1）公共体育场馆不存在个体购买者，只存在个体消费者。公共体育场馆对于个体来说，既过于昂贵，又没有购买的必要。

（2）公共体育场馆的经营管理活动是一种无形的消费品，属于服务类商品的范畴。尽管在这种活动过程中的部分要素是有形的，如公共体育场馆的设施、器材等，但它们只是实施体育消费过程所依靠的工具，离开了体育的消费过程，这些有形的物质要素并没有实际意义。消费者的消费过程并不具有长度、重量、体积等实物形态，就像酒店服务和旅游服务的消费过程一样，并没有出现物质产品所有权的转移。此外，公共体育场馆的生产过程、交换过程与消费过程同时发生。消费者在公共体育场馆上的消费过程就是观赏体育表演、参与体育健身娱乐活动的过程，这种活动一旦结束，公共体育场馆的功能和作用也就随之消失。

（3）公共体育场馆存在着可让多人多次共同消费的特点，也就是说公共体育场馆的消费者是一个群体。因此，吸引人们来公共体育场馆进行消费，是任何公共体育场馆存在的前提和基础。而要让人们来消费，公共体育场馆就必须开展较多的经营项目，同时又要有良好的服务和管理，这样人们才愿意进行消费。

（4）服务质量的不确定性。由于受到场地大小、场地设备、管理能力、服务水平、天气状况、竞技水平和对抗程度等多种因素的影响，公共体育场馆提供的服务质量存在不确定性。实际上，体育消费者在观赏体育表演、参与体育健身娱乐活动的过程中，身体的机能水平和心理活动能力既可能得到良好发展，也可能受到负面制约。

二、公共体育场馆经营管理的方法

公共体育场馆在为体育消费者提供各种体育服务产品的过程中，需要采用一定的经营管理方式。公共体育场馆无论选择哪种经营管理方式，都要在挖掘内部潜力上下功夫，努力改善经营环境，并根据场馆自身的资源条件，了解大众体育健身需求特征和消费水平，以建立与发展差异化竞争策略和优势，使自己的体育服务在消费者中形成区别并优于竞争者的独特形象。[1]

（一）建立现代企业制度

现代企业制度是指以市场经济为基础，以完善的企业法人制度为主体，以有限责任制度为核心，以公司企业为主要形式，以产权清晰、权责明确、政企分开、管理科学为条件的新型企业制度，其主要内容包括企业法人制度、企业自负盈亏制度、出资者有限责任制度、科学的领导体制与组织管理制度等。现代企业制度的基本特征是"产权清晰、权责明确、政企分开、管理科学"。

---

[1] 寇健忠,吴鹤群,林正锋.公共体育资源优化配置制度的转换基础、变迁特征与创新路径[J].三明学院学报,2021,38(04):13-19.

所谓"产权清晰",主要有两层含义。①应有具体的部门和机构代表国家对某些国有资产行使占有、使用、处置和收益等权利。②国有资产的边界要"清晰",也就是通常所说的"摸清家底"。首先,要搞清实物形态国有资产的边界,如机器设备、厂房等;其次,要搞清国有资产的价值和权利边界,包括实物资产和金融资产的价值量,国有资产的权利形态(股权或债权,以及占有、使用、处置和收益权的分布等),总资产减去债务后的净资产数量等。

所谓"权责明确"是指合理区分和确定企业所有者、经营者和劳动者各自的权利和责任。所有者、经营者、劳动者在企业中的地位和作用是不同的,因此,他们的权利和责任也是不同的。所有者按其出资额,享有获得资产收益、作出重大决策和选择管理者的权利,在企业破产时对企业债务承担相应的有限责任。企业在存续期间,对由各个投资者投资形成的企业法人财产拥有占有、使用、处置和收益等方面的权利,并以企业全部法人财产对其债务承担责任。经营者受所有者的委托在一定时期和范围内拥有经营企业资产及其他生产要素并获取相应收益的权利。劳动者按照与企业签订的合约拥有就业和获取相应收益的权利。与上述权利相对应的是责任,从严格意义上说,责任也包含了通常所说的承担风险的内容。要做到"权责明确",除了明确界定所有者、经营者、劳动者及其他企业利益相关者各自的权利和责任,还必须使权利和责任相对应或相平衡。此外,在所有者、经营者、劳动者及其他利益相关者之间,应当建立起既相互依存又相互制衡的机制,这是因为他们之间是不同的利益主体,既有利益一致的一面,也有利益不一致乃至相冲突的一面。相互制衡要求明确彼此的权利和责任,并相互监督。

"政企分开"的基本含义是政府行政管理职能、宏观调控职能和行业管理职能与企业经营职能相分开。具体地说,政企分开要求政府将原来与政府职能合一的企业经营职能分开后还给企业,市场经济改革所进行的"放权让利""扩大企业自主权"等就是为了解决这个问题。政企分开还要求企业将原来承担的社会职能(如住房、医疗、养老、社区服务等)分离后交还给政府和社会。应当注意的是,政府作为国有资本所有者对其拥有股份的企业行使所有者职能是理所当然的,不能因为强调"政企分开"而改变这一点。当然,问题的关键还在于政府如何才能正确地行使而不是滥用其拥有的所有权。

"管理科学"是一个含义宽泛的概念。从较宽的意义上说,"管理科学"包括了企业组织合理化的含义;从较窄的意义上说,"管理科学"要求企业管理的各个方面(如质量管理、生产管理、供应管理、销售管理、研究开发管理、人事管理等)的科学化。管理致力于调动人的积极性、主动性、创造性,其核心是激励、约束机制。要使"管理科学",当然要进行学习、创造,引入先进的管理方式。对于管理是否科学,虽然可以从企业所采取的具体管理方式的"先进性"上来判断,但最终还要从管理成本和管理收益的比较上作出评判。

我国绝大多数公共体育场馆都属于国有资产,一般是全民所有制且具有一定社会公益性质的经营单位,在走向市场的过程中,也应该按照市场经济的基本要求和规则建立现代企业制度。各公共体育场馆原则上应该是作为一个独立的或相对独立的经营实体或法人单位参与社会主义体育市场的活动,并在竞争中自主经营、自负盈亏、自我生存、自我发展。为此,公共体育场馆应结合自身特点,合理进行股份制改造,从体制上真正做到"管""办"分离,充分发挥经营者的经营权利。由于股份制实行科学的法人经理机制,从而确保了资产所有者的利益。而股份制的有限责任的特征,也充分保证了公共体育场馆资产所有者所投资项目的风险范围,公共体育场馆通过股份制改造真正起到"转机建制"的作用。在股份制改造中也应充分考虑公共体育场馆的特点、经营情况、人员结构、管理水平、项目组成、市场前景等因素。同时应贯彻好"抓大放小"的原则,对有良好发展前景的公共体育场馆进行股份制改造,一方面可以通过改制获得发展所需资金;另一方面可以借助改制机会,理顺产权关系,步入现代企业制度的轨道。

(二)树立市场营销观念

市场营销观念是指企业在市场营销活动中所遵循的指导思想与经营哲学。这种观念是以满足顾客需求为出发点的,即"顾客需要什么,就生产什么"。尽管这种思想由来已久,但其核心原则直到20世纪50年代中期才基本定型。当时社会生产力迅速发展,市场发展趋势主要表现为供过于求的买方市场,同时广大居民的个人收入迅速提高,有可能对产品进行选择,企业之间的竞争加剧。许多企业开始认识到,必须转变经营观念,才能求得生存和发展。市场营销观念认为,实现企业各项目标的关键,在于准确确定目标市场的需要和欲望,并且比竞争者更为有效地传送目标市场所期望的产品或服务,进而比竞争者更有效地满足目标市场的需求。市场营销观念的出现，使企业经营观念发生了根本性变化，也使市场营销学发生了一次革命。市场营销观念同推销观念相比具有重大的差别。

公共体育场馆在走向市场开展经营活动的过程中，应该树立正确的市场营销观念，这样才能获得较好的经营效益。为此，公共体育场馆在经营活动中，要加强对内外部经营环境的分析和市场调研工作；要从体育消费者的需要出发开展经营活动，不断开发新的体育经营项目；要合理制订体育消费品的价格，实行有偿服务；要积极开展促销活动，变"等客上门、愿者上钩"为"四处出击、多方宣传"；要敢于冒经营风险，善于捕捉市场机会，想出他人想不出的点子，做到他人做不到的事情；要增强市场竞争意识，灵活掌握和运用在竞争中取胜的各种方法和手段。

（三）准确的经营定位

公共体育场馆现阶段面临的最大挑战就在于场馆的准确定位，相关研究表明，大中型公共体育场馆在强调多元化经营的同时，也要突出场馆最具特色的经营项目。多元化经营可以最大限度地降低大型公共体育场馆的经营风险。体育消费市场和其他消费市场相比有着更强的实效性，某一个运动项目的消费量会随着时间因素或国内、国际的一些重大的相关运动赛事的举行而产生波动，从而给经营管理带来一定的难度。因此，很有必要保持大中型公共体育场馆的多元化经营，传统的增加场馆的零售业的经营模式面临着越来越大的压力。

在实行多元化经营的同时，公共体育场馆的经营特色也变得越来越重要，体育消费市场更加强调品牌化、专业化。特色化经营更能适应消费者不断变化的需求，同时也能带来消费市场和经营规模的扩大，可以极大地降低成本、提高竞争力，品牌的广告效应也会日益增强。

小型公共体育场馆经营管理的重点是价格和时间段，在硬件设施和规模等先天条件都不如大中型公共体育场馆的情况下，与之进行错位竞争，争夺客源，价格因素就显得尤为重要，必须通过吸引人的价格和与大中型公共体育场馆错时段的经营来提高效益。小型公共体育场馆特别要重视周边地区的客户群体，通过对周边体育消费人群的调研得出准确的价格定位和经营思路。

三、公共体育场馆的经营形式

（一）会员制经营

会员制是现今较流行的一种公共体育场馆经营形式，主要应用于较高档的公共体育场馆。会员制的主要特点是：公共体育场馆通过定向募集会员的方法来获得稳定的客源，也可以在公共体育场馆设施工程未完工之前就预售会员卡。当然，这就需要有一定的推销手段，以及场馆自身的品位和魅力。一般来讲，公共体育场馆的设施是高档的，会员一般也为高收入阶层。会员制的经营形式一般在发放会员卡时向客户收取一笔取得会员资格的费用，客户可按年度缴纳一定的费用，客户可随时使用场馆内的体育设施进行娱乐休闲活动而免交费用或享受一定的优惠，俱乐部同时也可提供其他相关服务。

会员制的优点在于：①公共体育场馆可以一次性筹集到一大笔资金，若通过预售会员卡的方式还可以降低负债比率、改善财务状况；②只要会员是稳定的，公共体育场馆的年收入也是稳定的；③公共体育场馆的日常管理工作相对而言比较轻松。

会员制分为封闭式会员制和开放式会员制两种形式，会员又分为团体会员和个人会员两种类型。会员制经营形式实施的困难在于能否吸引到足够多的会员参与，同时，公共体育场馆如果只面向高收入者开放，似乎也有悖于公共体育设施应向广大人民群众开放的公益性要求。

（二）承包制经营

承包制是指公共体育场馆通过一定的合同契约对经营设施通过租赁、承包等形式出让经营权而取得收入的经营形式。承包有两种方式：一种是寻找一个较有实力的经营者进行整体承包，经营者每年缴纳一定数额的费用；另一种是对于不同体育设施、不同体育健身娱乐休闲项目进行分割，进而承包给数个经营者。承包过程中既可以采用协商的方式，也可以采用招标的方式。在条件成熟的情况下，招标方式更理想些，它既可以体现设施和项目在市场上的真实价值，又可以杜绝暗箱操作和幕后交易。

承包制的优点在于公共体育场馆在管理上较轻松而且收入比较稳定。其不足之处在于公共体育场馆对于承包者的经营行为难以进行有效监管和规范，一旦承包者违法违规，与公共体育场馆发生纠纷，则矛盾较难协调，合同所规定的各条款也不可能穷尽一切可能发生的变故。而且公共体育场馆担负着大量的社会公益性活动或比赛项目，容易与承包者的经营目标发生冲突。

（三）合作经营

合作经营是指公共体育场馆以土地、房屋或其他设施作为投资品，其他投资者以现金、设备、管理等作为投资品合作经营某项体育业务的经营形式，合作经营的特点在于通过合作、合资经营的方式来解决公共体育场馆在经营过程中存在的资金和管理经验缺乏等问题。合作经营的双方（或多方）以有限责任公司的组织形式来明确各方的投资风险与收益，一般来说，利润按股份比例分成。合作经营形式营造了一种利益共享、风险共担的经营机制。

在合作对象的选择上，公共体育场馆应尽量选择在某一行业具有较高知名度的企业进行合作，这样做的好处在于可以利用这些知名企业的品牌和商誉来增加客源，不仅可以取得良好的经营业绩，还可以扩大公共体育场馆在群众中的知名度。

（四）直接经营

直接经营是指公共体育场馆所有者亲自进行场馆的日常经营管理活动。直接经营的优势在于：直接对体育经营项目进行开发，可以对公共体育场馆的各种设施、资源进行整体的统筹规划，因而能够实现经济效益的最大化及社会效益的最优化。公共体育场馆的直接经营也便于接待各种比赛和训练，不致造成冲突。但直接经营的缺陷在于：资金的缺乏，特别是流动资金的缺乏，使各种经营项目启动较慢；所雇员工和管理层次增加，会影响经营效率的提高。

（五）委托经营

委托经营形式，一般是由公共体育场馆产权所有者（一般是地方体育局）与接受委托的社会组织（社会团体、企业）签订经营管理合同，明确他们之间的责、权、利关系，经营者受产权所有者委托，作为公共体育场馆的法人代表，负责场馆的日常经营管理，公共体育场馆的重大战略问题仍由产权所有者直接负责做出决策，公共体育场馆原有的职工要留用，但必须服从经营者的安排和调度。这种经营方式既发挥了公共体育场馆的各种功能，同时又解决了公共体育场馆，特别是一些专业性较强的公共体育场馆由于使用率不高而造成的日常运作经费不足的问题。

（六）物业管理

物业管理是指以大型专业物业公司为管理实体，实现公共体育场馆的区域化和整体性综合经营管理。这种管理模式有利于变单一的、专项的管理和服务为综合性的、全方位的、专业化的管理和服务，通过大型专业化物业管理公司提供的更加全面、更加人性化和更加专业的服务，有利于改善服务质量和提高管理水平，促进大型公共体育场馆的发展。

公共体育场馆物业管理一般有两种模式。①委托服务型物业管理。体育场馆产权单位将公共体育场馆委托给物业公司管理。在这种管理模式下，公共体育场馆所有权的性质没有改变。这种管理模式与上文的委托经营比较类似。②自主经营型物业管理。产权单位将公共体育场馆交由属下物业管理企业进行管理。在这种管理模式下，物业管理企业不仅拥有经营管理权，而且拥有产权，具有维护性、发展性管理的职责。

四、公共体育场馆经营管理制度

（一）经济责任制

经济责任制是指同社会主义市场经济体制相适应，以提高经济效益为目的，正确处理国家、集体、个人问责、权利关系的经济管理制度。经济责任制有两种类型：一种是公共体育场馆对上级体育主管部门下达的指令性指标或合同规定的各种指标承担的经济责任；另一种是公共体育场馆内部的经济责任制，主要是场馆把上级体育主管部门要求完成的各项指标分解到各部门及其职工，并明确相应的经济利益和经济责任。

经济责任制的基本原则是责、权、利相结合。"责"，是指公共体育场馆对国家和社会应承担的经济责任，也指公共体育场馆内部各部门、科室、员工个人对公共体育场馆承担的经济责任；"权"，是指国家有关部门赋予公共体育场馆的为承担经济责任所必需的经济权利，其中最重要的是赋予公共体育场馆与其"责"相对应的经济自主权；"利"，是指根据体育场馆及其员工所做出的贡献和取得的效益而给予相应的物质利益。责、权、利三者的关系，经济责任是核心，经济权利是完成经济责任的必要条件，经济利益是完成经济责任的物质动力。国家、集体、个人三者的利益相结合。三者的利益从根本上说是一致的，不能有所偏废，否则将会给公共体育场馆的发展带来不利的影响。所以必须兼顾国家、集体、个人的利益，正确处理整体利益和局部利益、长远利益和眼前利益的关系。

责、权、利相结合原则包含了两层意思：一是职工的劳动所得同公共体育场馆的经济效益挂钩；二是职工的劳动所得同本人劳动成果的质和量及贡献的大小挂钩。

公共体育场馆的经营管理应当实行经济责任制，这是由公共体育场馆管理体制的变革所决定的。目前普遍采用的是承包经营责任制。承包经营责任制是由承包、经营、责任制三方面内容组成的复合概念。承包是指以签订合同为特征，并依照合同将某项任务或全部任务交给承包人去负责完成的一种经济行为，是公共体育场馆经营管理的组织形式和方法；经营是指从体育市场需要出发，提供适销对路的体育产品；责任制是指按照合同规定的权利、义务，发包方与承包方都必须信守和履行合同的一种管理方法。

（二）合同管理制

市场经济体制的一个显著特征就是契约经济。市场经济的良性运行，主要靠市场经济主体之间及参与者之间依法签订合同并信守、履行来予以保证。经济合同是经济责任制的法律保证，它是以法律的形式来体现的一种经济手段，任何一方违反合同，都要受到制裁。我国公共体育场馆在开展各项业务活动时都必须签订各种经济合同作为依法经营的依据。

同时，公共体育场馆管理者应不断加强合同管理，这既可以使经济合同行为的全过程都处于动态的控制之下，使合同的签订和履行更加适应公共体育场馆与内外环境的互动需求，条款更加严密，权责更加相称，履行更能到位，推动公共体育场馆的良好运营；又可以促使相关责任人员不断地研究和调查本公共体育场馆的优势，以及外部环境可利用的政策、机遇或有利条件，并在履行合同的过程中不断地总结经验教训，不断地对合同行为进行校正和完善，起到对公共体育场馆经营进行超前预测和探索的作用。

（三）经济核算制

经济核算是以获得最佳经济效益为目标，运用会计核算、统计核算和业务核算等手段，对生产经营过程中的劳动和物资消耗及取得的成果，用价值形式进行记录、计算、对比和分析，借以发掘增产节约的潜力和途径。公共体育场馆要履行经济合同，实现自己的经济责任，就必须实行经济核算制。公共体育场馆的经济核算制，就是用价值、价格、成本、利润等经济杠杆，对它的经营管理活动实行严格的统计、监督和核算，以提高公共体育场馆经营管理的效益。

第二节　公共体育场馆资源管理的类型

国家和政府公共体育场馆主要发展于1945年后，各国都开始兴建国立的竞技场馆。在经济发展相对落后的国家，兴建国立公共体育场馆对促进体育事业的发展起到了极大的推动作用。

政府兴建的公共体育场馆主要是为了举办大型体育赛事，如全运会等，此类场馆的兴建对于提高我国的体育运动水平、完善城市的功能配套起到非常大的作用。[1]

一、国家奥林匹克体育中心

国家奥林匹克体育中心1986年7月正式竣工，于1990年第十一届亚洲运动会前夕正式投入使用，是集竞赛训练、全民健身、休闲娱乐为一体的体育基地、体育公园。占地66公顷，主要设施有体育场、体育馆、英东游泳馆、曲棍球场，足球、田径、垒球、网球训练场，以及球类训练馆等。

体育场位于国家奥林匹克体育中心内，在亚运村南侧，是我国为迎接第十一届亚运会而建设的大型室外公共体育场馆，竣工于1989年，场馆面积约为20 000 m²，可容纳观众18 000人。国家曾投资2 200万元对体育场进行了全面的改造，除更换地板、玻璃、观众座椅等工程外，还对更衣室、按摩室、休息室进行了改建。为满足各项通信要求，场馆还配备了闭路电视系统、宽带网、光纤通信、触摸式信息屏及大型彩色显示屏等。附属设施包括田径练习场（塑胶跑道）1块、垒球场1块、足球练习场3块、网球场4块、检录处1座。

体育馆位于国家奥林匹克体育中心北侧，是国家奥林匹克体育中心场馆群

---

[1] 万来红.体育场馆资源利用与经营管理［M］.武汉：华中科技大学出版社，2010：70-74.

重要的体育建筑之一。体育馆扩建后建筑总面积达32 400余平方米，可容纳观众6 300余人，场地面积为40 m×70 m，使用标准球类进口木地板铺设，可以满足各种室内比赛要求。

游泳馆位于国家奥林匹克体育中心北侧，建筑总面积达到39 000余平方米，可容纳观众6 000余人。设有一个25 m×50 m的标准游泳比赛用池，一个25 m×25 m的标准跳水比赛用池，一个11.5 m×50 m的热身用池，一个11.5 m×10 m的放松用池，可以满足各种水上项目比赛和文艺演出的要求。

曲棍球网球场位于国家奥林匹克体育中心东北侧，建筑总面积达3 100余平方米，可容纳观众1 000余人。主要设有三片101.4 m×63 m的国际最高标准的曲棍球人造草室外灯光场地。在曲棍球场南侧，设有12片整齐排列的室外国际标准硬地灯光网球训练场地，负责为国家曲棍球队、国家网球队提供训练场地。

20多年来，国家奥林匹克体育中心作为中国体育发展的对外窗口，先后承办了第十一届亚洲运动会、第七届全国运动会和第二十一届世界大学生运动会等一系列重大体育赛事和其他重要大型活动。在2008年北京奥运会期间，国家奥林匹克体育中心承担着手球、水球、武术、游泳、马术、跑步等四大项、六小项比赛任务，以及曲棍球、手球、轮椅篮球、轮椅击剑、轮椅橄榄球、盲人门球、7人制足球、5人制足球等多项奥运会和残奥会比赛训练项目的组织保障任务。

从功能上来说，国家奥林匹克体育中心不仅仅是比赛场馆，而且是国家体育总局重要的训练基地。为优秀国家运动集训队做好竞训保障，无疑是国家奥林匹克体育中心的首要职能。国家奥林匹克体育中心领导班子在各种会议上多次强调，对国家队的竞训保障，是国家奥林匹克体育中心的首要任务，一定要不折不扣地执行。

从1992年开始，按照国家体育总局的项目布局，国家奥林匹克体育中心接纳了国家男子手球队、女子手球队、女子垒球队，后来驻训队伍逐渐增加，截至目前，已经承担着柔道、摔跤、拳击、手球、曲棍球、垒球和网球7个项目13支国家队的训练保障。从过去的设施陈旧到现在的达到四星级酒店水平，集吃、住、行、康复、娱乐于一体的运动员公寓，从过去设备短缺的卫生所到现在配备了专业医疗器材的理疗部等，北京国家奥林匹克体育中心从吃、住、训练等方面做好全面保障。在北京奥运会上，在国家奥林匹克体育中心驻训的柔道、拳击等项目取得了6金、4银、2铜的好成绩；而长期驻训的女子曲棍球队则获得了银牌，这也是多年来中国球类项目参赛队取得的最好成绩。

国家奥林匹克体育中心主要有训练馆、训练场和综合训练馆等专用训练建筑。训练馆位于北京国家奥林匹克体育中心北侧，由三座同等规模的训练场馆组成，建筑总面积达15 000 m^2。训练馆拥有三片34 m×44 m、一片35 m×35 m的室内训练场地，采用标准球类进口木地板铺建。一片35 m×35 m的室内木地板场地为专用健身训练场地，八片室外篮球标准场地和一处攀岩场地可以满足手球、羽毛球、乒乓球、室内足球、室内外篮球、排球等项目的比赛需要，承担着国家手球队、国家拳击队的训练保障任务。

训练场位于北京国家奥林匹克体育中心北侧，建设用地约40 000 m^2，建有两片105 m×73 m的标准足球训练场地，两片90 m×60 m的足球练习场地，一片3 800 m^{2}的标准垒球训练、比赛场地，一片1 000 m^{2}的垒球练习场地，担负着国家女子垒球队训练场地的保障任务。

综合训练馆位于北京国家奥林匹克体育中心人工湖东岸，是国家体育总局为驻训国家队备战2008年北京奥运会新建的专用训练场馆，建筑总面积达27 000 m^2，其中训练区域为16 000 m^2，附属用房为11 000 m^2。馆内设有八片国际标准网球场地，四片50 m×50 m的多用训练场馆，可为会议、商务展览、羽毛球、乒乓球、排球、室内足球、室内篮球等活动提供良好的场地。此外，还担负着国家柔道队、国家摔跤队、国家网球队的训练保障任务。

保障全民健身运动是国家奥林匹克体育中心的另一个工作重点。北京国家奥林匹克中心体育馆很早就增设了羽毛球项目，在国家队训练间隙对北京市民开放。随着时间的推移，前来锻炼的人越来越多。现有的场馆管理、服务，以及场地、设施保障已经不能满足健身者越来越高的要求了。于是，北京国家奥林匹克中心体育馆延长了职工工作时间，并正式对外宣布体育馆全面对社会开放。针对打羽毛球的人比较多的现状，北京国家奥林匹克中心体育馆还专门成立了羽毛球俱乐部。由于优良的设施和优质的服务，羽毛球俱乐部很快在北京健身圈赢得了声誉，吸引了大量的健身者前来。每年元旦，北京国家奥林匹克中心体育馆都要组织一届"全民健身杯羽毛球公开赛"，在规模最大的一届，甚至有内蒙古自治区、广东省的选手前来报名。

目前，跆拳道、击剑、射箭、网球、足球等俱乐部相继在国家奥林匹克体育中心的各场馆安家落户，真正体现了"以体为主，一馆（场）一品"。不久前，国家奥林匹克体育中心还推出了"健康一卡通"。持"健康一卡通"可在中心各场馆、公寓及合作单位进行健身、购物、住宿等消费。

二、上海卢湾体育馆

由于上海土地资源稀缺，寸土寸金，因此在公共体育场馆的设计和兴建中充分考虑到公共体育场馆的复合功能的设置，如具有双重复合功能的卢湾区体育馆、长宁区体育馆及具有多重复合功能的虹口体育场、上海八万人体育场都非常成功。这类公共体育场馆的经营管理模式对公共体育场馆设计具有非常重要的借鉴意义。

上海卢湾体育馆建于1997年，占地7 000 m^2，投资额达1.7亿，可容纳观众3 500人，主馆可承办篮球、排球、手球、网球等多种赛事，并成为上海东方大鲨鱼俱乐部篮球队的主训练场。

上海卢湾体育馆坐落于上海繁华的商业大道肇嘉浜路，如何充分利用体育馆自身存在的商业价值，上海人充分发挥了"螺蛳壳里做道场"的创意，在寸土寸金的肇嘉浜路打造出一座商业体育城。上海卢湾体育馆最具突破性的设计理念在于商业空间和竞赛空间的完美结合，它将体育馆抬高，底层尽可能争取完整的商业空间。由于场馆只有南面面临商业街，而场馆的进深又非常大，因此在招商的业态选择中，就必须有针对性，零散的商铺业态肯定是不适合的。

三、武汉体育中心

目前，大部分国有公共体育场馆在经营管理模式上亟待改革，而涉及新建和设计的工作相对较少。针对目前较老的公共体育场馆的现状，首先要实行政企分开。这类场馆的日常管理工作基本是由国家体委下属的场馆管理处负责的，经费基本上也是由国家体委下属的计划财政司划拨，而场馆管理处基本上行使着类似于政府的角色，管理场馆的人事、财务等事务。这种集中、统一的管理机构，一般都过于庞大，每天的经营管理等日常工作烦杂，人多、事多、工作岗位多，责任不明晰，办事效率较低。因此，政企分开迫在眉睫，场馆管理处应行使所有权的职能，而专业化的管理公司应行使经营权的职能，也就是实行所有权和经营权相分离的模式，这也是国有大中型企业改革的成功经验之一。场馆管理处的主要职能是根据国家有关规定和指示精神，制订场馆工作的长远规划，进行政策性引导，对各场馆定编、定岗、定员，代表政府督促检查国有资产的保值增值情况，负责大型维修项目的提出和审定及目标管理项目指标的提出和落实，为场馆经营管理做好服务工作，调动场馆经营的积极性，协调好场馆内部及与其他管理部门的关系。武汉体育中心就是这样一个比较好的例子。

武汉体育中心位于距离武汉市中心20多千米远的沌口，北邻武汉长江三桥和市区中环线，南接京珠高速公路，有多条道路联通武汉三镇和周边地区。武汉体育中心于1998年12月动工兴建，分二期建设。首期建设已于2002年9月完成。占地面积达45 000 m^2，建筑面积达80 840 m^2，可容纳60 000名观众。赛场面积达22 000 m^2，由足球场和田径场组成。二期工程内容包括体育馆、网球中心、游泳馆、培训中心与全民健身中心、城运村，以及超市、宾馆等配套商业设施，预计总投资为3.6亿元左右。新体育馆建筑面积将达50 736多平方米，可容纳13 000名观众。

武汉体育中心从1999年12月动工兴修至今，在二期工程还没有竣工的情况下，就已经获得了多项大奖，如2004年获得詹天佑土木工程大奖，这个奖项是我国土木工程项目的最高荣誉奖。在全国第五次体育场馆普查中，武汉体育中心被评为运行管理指标全国第一名，这项指标突出反映的是场馆的效益。

武汉体育中心在很多方面走在了国内公共体育场馆管理的前列。通过计划—实施—检查—改进，以螺旋上升的方式不断重复这4个环节，使管理水平不断上升；对于场馆潜在风险能做到提前预防，最大限度地减少损失；大大降低了管理成本；明确责任，每人各司其职，员工素质大为提高。

武汉体育中心还引进了专业物业管理公司进行管理。偌大一个体育中心，正式工作人员只有14名，而且他们将主要精力放在了组织全年各大赛事和各种大型的文艺演出上。场馆日常的保障和管理全权交给了物业管理公司。在设备、水电、冷暖通、绿化养护、保洁、环卫、保安等各项服务上，场馆不付出人力和财力。这样做的好处是：提高了体育中心的运营管理水平，同时又降低了运行成本和风险；专业人做专业事，保证了场馆管理的先进性；避免了公共体育场馆人浮于事的现象,减轻了场馆的人员负担;给观看赛事和演出的观众创造了一个良好的环境。

市场经济体制的建立要求市场的主体必须以独立的法人资格进入市场进行交换,国务院、国家体委多次要求公共体育场馆要实行企业化管理,而产权清晰、责权明确是建立现代企业制度的两个重要方面。现在国有公共体育场馆实行企业化管理的时机已经成熟,这主要是由于国有中小企业的转制已经取得了相当成功的经验,而很多经验也适用于国有公共体育场馆的企业化改革。可以将场馆管理处的一些职能部门剥离出来,成为企业型管理单位。此外,可以直接聘用专业的公共体育场馆管理团队或公司与管理处签订目标管理合同,使公共体育场馆成为"自主经营、自负盈亏、自我约束、自我发展"的具有法人财产权性质的市场主体,直接进入市场,管理处对其完成的利润指标和各类指标进行量化管理,明确双方的权利和义务,赋予其财务管理权、逐级聘任的人事权和更广泛的财务权,建立与之相关的机构、机制。在用人方面,鼓励其引入竞争机制,实行优胜劣汰和双向选择;在分配上由企业管理公司建立激励机制,实行多劳多得,将职工、场馆领导更紧密地与场馆工作结合起来。这种风险与利益同在、权利和义务共伴的体制及独立的市场主体机制,可以有效提高公共体育场馆工作人员的积极性,充分利用场馆的硬件资源。

公共体育场馆的日常运营具有一定的特殊性,必须优先国家级的大型运动会、国际的体育赛事,以及国家的大型活动,等等。因此,在商业化经营和大型赛事之间要避免冲突,首先应保证体育赛事的正常进行,管理处要协调好这两者之间的关系,找到效益与公益的平衡点;同时,场馆的商业化运营也应当积极响应"全民健身计划"。应进一步搞好国有公共体育场馆的开放,由现在的初级开放向高级开放过渡。通过调查研究,听取意见,以建立俱乐部会员制的方法,形成长期、固定的组织形式及稳定的收入,并加强宣传,在引导体育消费上下功夫。在如今中国经济飞速发展的良好历史机遇下,国有公共体育场馆的经营管理模式转变还是大有可为的。

第三节　公共体育场馆资源建设管理的模式

经营模式是企业根据企业的经营宗旨，为实现企业所确认的价值定位所采取的某一类方式方法的总称。其中包括企业为实现价值定位所规定的业务范围、企业在产业链的位置及在这样的定位下实现价值的方式和方法。

根据经营模式的定义，企业首先要有企业的价值定位。在现有的技术条件下，企业实现价值是通过直接交换，还是通过间接交换？是直接面对消费者，还是间接面对消费者？处在产业链中的不同的位置，实现价值的方式也不同。由定义可以看出，经营模式的内涵包含三方面的内容：一是确定企业实现什么样的价值，也就是在产业链中的位置；二是企业的业务范围；三是企业如何实现价值，采取什么样的手段。

公共体育场馆经营模式就是公共体育场馆根据市场的经营状况和自身的管理资源情况采取的一种方式方法。

一、事业单位企业化运作模式

事业单位企业化运作模式是指公共体育场馆作为事业单位，公共体育场馆的经营管理人员直接进行场馆的日常经营管理活动。

事业单位企业化运作模式的优点是：第一，由于直接进行体育经营项目的开发和经营，可以对体育场馆的各种设施、资源进行有机整合，因而能够实现经营效益的最大化及社会效益的最优化；第二，直接经营能避免或者减缓各种矛盾，比如对外开放和封闭训练或者承办赛事的矛盾、所有者和经营者的矛盾等；第三，目前，我国公共体育场馆的经营管理人员大多从事过体育工作，公共体育场馆的直接经营可以培养他们的经营管理能力，为我国体育事业的发展造就一批既懂体育又懂经营管理的急需人才。

二、BOT模式

BOT（build—operate—transfer）意即"建设—经营—转让"，其实质上是一种融资方式，多运用于大型基础设施和公共工程的建设和管理。该模式是指政府与私营机构的项目公司签订合同，由该项目公司承担基础设施或公共工程项目的筹资、建设，项目建成后，在双方协议商定的期限内，由该项目公司通过经营收回投资和获取合理的利润。协议期满，该设施所有权无偿转让给政府。该模式有利于减轻政府的财政负担和避让风险，有利于引进先进的技术与管理方法，促使场馆资源的合理配置和提高场馆的利用率。如2001年世界大学生运动会场馆建设曾对BOT模式做了有益尝试。[1]

（一）核心内容

BOT模式诞生于20世纪80年代初，指私营机构（本国和外国的公司）参与国家项目（一般是基础设施或公共工程项目）的开发和运营。政府同私营部门的项目公司签订合同，由该项目公司筹资设计并承建一个具体项目，并在双方协定的一段时间内，由该项目公司通过经营该项目获得的资金偿还债务、收回投资、取得盈利。政府机构与私营公司之间形成一种"伙伴关系"，以此在互惠互利、商业化、社会化的基础上分配与项目计划有关的资源、风险和利益。起初，BOT产生的目的在于吸收国外资金投资本国基础设施建设，现在许多亚洲国家已经将BOT模式的项目公司的范围扩展到国内私人投资领域，以吸收民间资本参与基础设施和公共工程建设。

（二）经营特点

（1）项目导向性。项目融资的典型特征就是以项目为主体的融资安排，贷款银行在项目融资中的注意力主要放在项目在贷款期间能够产生多少现金流量用于还款上面，贷款的数量、融资的成本及融资结构的设计都是与项目的未来现金流量和资产价值直接联系在一起的。鉴于这种特点，可以使投资者得到较好的担保条件，以提高贷款比例。一般说来，BOT模式可以获得较高的贷款比例，根据项目的经济状况，通常可以为项目筹集60%~75%的贷款，有些项目甚至可以得到90%以上的贷款资本。

（2）债务有限追索和风险分担。债务追索是指借款人未按约定偿还债务，贷款人可以拥有要求借款人用除抵押资产之外的其他资产偿还债务的权利。为了实现BOT项目的有限追索，对与项目有关的各种风险要素，需要以某种形式在项目投资者、与项目开发有直接或间接利益关系的其他参与者和贷款人之间进行分担。

---

[1] 盛冀萍.实用体育管理学[M].昆明：云南科技出版社，2017：232-235.

（3）非公司负债型融资。这里指的是项目的债务不表现在项目投资者公司资产负债表中的融资形式，或是这种债务只以某种说明的形式反映在公司资产负债表的注释中，从而使项目投资者有机会从事超过自身资产规模的项目投资，或是同时进行几个较大的项目开发。

（三）公共体育馆采用BOT经营模式的适用性分析

公共体育场馆建设属于部分具有竞争性的，为了弥补政府投资的不足，应当大力吸引国外资金和民间资本进入这一领域。在国外，一些体育健身娱乐场所大部分为民间资本投资。在英国，个人对体育健身娱乐场所的投资是政府公共投资的5.3倍；在西班牙达到了6倍多。我国目前居民储蓄存款高达84 000多亿元，保险基金、社保基金等机构投资者队伍也在不断壮大，如果政策上为民间资本通过BOT方式提供了制度保障，我国民间资本完全具备投资公共体育场馆的资金实力和物质条件。下面我们从可行性的角度来分析这一融资模式。

一般来说，一个投资项目的可行与否是从其收益性、风险性和流动性的角度来分析的。因此，我们就具体的BOT项目对公共体育场馆建设筹资的可行度进行探讨。首先，由于公共体育场馆经营可以通过场馆经营权转移收取租金、场馆广告摊位出租、场馆冠名权出售、门票收入实现经济利益。在这一方面，奥运场馆具有相当的商业投资价值，符合收益性的要求。其次，与任何项目的投资一样，奥运场馆的投资也面临市场的、政策的风险。公共体育场馆建设是一项有利于全民发展的事业，可以得到政府的支持，因此其政策风险会比一般的重大投资相对较低。而且，BOT项目可以取得来自工程承包商、场馆使用方、场馆设施供应商及经营商的担保，从而降低BOT项目的经营风险。最后，从流动性的角度看，虽然公共体育场馆投资的资金是以固定资产的形式存在的，但是由于BOT项目以项目为导向，单个项目资产的低流动性不会影响投资方的其他资产的流动速度。

（四）公共体育场馆BOT经营的模式

在BOT公共体育场馆经营中，一般政府的体育行政部门代表政府行使投资人的权益，以公共体育场馆的投资为股份成立独资或股份制的法人公司，专门经营管理公共体育场馆。特别是在我国，体育行政部门作为职能部门，对场馆的论证、招标、建设等一系列环节都直接参与，加之熟悉体育领域的业务，这种管理方式可以较好地弥补政府管理的不足。由政府组织将场馆的经营权在一定时间内移交或委托给经营性公司、营利性社团进行管理。该方式的不足之处在于：它容易滋生短期行为，难以保证公共体育场馆的公益性和社会效益。

第四节　公共体育场馆资源的多功能建设

我国现有的大中型公共体育场馆大多是按照体育比赛的要求修建的。在设计建造时，对承办国际、国内比赛的要求考虑较多，主要为适应某一运动专项的竞赛需要，因此功能比较单一。同时，由于此类公共体育场馆是为举办大型体育赛事而准备的，规模很大、标准较高，十分注重竞技运动项目对竞赛场地的规范要求和设施质量，并配备较大的附属建筑面积。按这种设计原则建设的大型公共体育场馆，对于顺利完成该届大型体育赛事的各项竞赛任务当然是非常有利的，但赛后由于对外开放的经营成本较高，必然导致使用率较低，而如果低价位向社会开放往往又会入不敷出。由此形成一个怪圈，对大型公共体育场馆的赛后经营利用造成客观障碍。[1]

在过去的半个多世纪，世界公共体育场馆的建设从四面挤满了观众的第一代普通座席体育场发展到数字智能化、面向电视转播的第四代体育场。而正在兴起的第五代体育场，是将公共体育场馆本身发展为一个新兴城市的中心。新一代公共体育场馆其实创造了一个城市或城区，包括居住、商业、娱乐方面的要素和交通基础设施，真正实现了综合体育设施与城市生活之间的资源共享。新一代公共体育场馆建设的多功能化越来越成为潮流和趋势。

具体来说，公共体育场馆的多功能性主要表现在以下两个方面。首先，要满足体育比赛、体育训练、体育健身等方面的要求。例如，体育馆的场地设施大小、规格、标准等可以同时满足篮球、排球、羽毛球、体操等不同竞技项目的不同要求，在同一个空间内既可以相互切换，又可以满足日常训练的要求。其次，要满足集会、演出、展览、办公、休闲娱乐等不同的功能要求。体育设施的多功能性可以保证现有资源的充分利用，从而获得事半功倍的效果，这与一物多用的科技发展趋势是相吻合的。这对人口众多、资源相对缺乏的中国来说，更具有特

---

[1]　万来红.体育场馆资源利用与经营管理[M].武汉：华中科技大学出版社，2010：124-128.

殊意义。

一、多功能建设的必要性

（一）有助于赛后利用

现代体育由竞技体育、大众体育和学校体育组成，三者既互有区别，又互有联系。但长期以来，人们十分推崇竞技体育，把竞技体育的赛事等同于现代体育的内容，甚至有人认为，奥林匹克运动就是现代体育，这种观点是十分偏颇的。公共体育场馆设施作为体育活动的主要物质载体，往往是按照竞技体育的要求设计建造的，这就导致了许多公共体育场馆设施在规划设计时部分甚至全部排除了大众体育和学校体育的要求，这是以往几十年来形成的事实，甚至在今天也屡见不鲜。

20世纪60年代兴起的大众体育浪潮彻底改变了人们对现代体育本质的认识，或者说，还原了真正的现代体育概念。现代体育不仅仅是少数运动员相互比赛的运动，而且是普通群众每天的健身休闲、自娱自乐运动。因此，公共体育场馆，特别是那些为举办大型运动会而兴建的公共体育场馆在完成竞技体育赛事后，显然不能完全满足开展大众体育活动的要求，甚至有相当大的差距。此外，体育作为一种文化，在现代社会里，受到社会、经济、科技等各方面的影响，逐渐融入商业、广告、传媒、娱乐等内容，形成综合性的体育文化产业。传统的竞技型场馆设施已难以满足体育的社会化、产业化、复合化要求。现代体育的多元化内涵促使公共体育场馆建设产生了革命性的变化，赛后利用的概念便应运而生。

所谓赛后利用是指公共体育场馆设施在非赛时的使用状态、使用方式和使用效益。所以，也有学者把赛后利用称为非赛时利用、赛后经营或赛后运营等，这些概念并无本质上的区别，只是看问题的角度不同而已。赛后利用的实质是如何在没有赛事的时段内，充分、有效地利用公共体育场馆资源，满足群众体育健身、休闲娱乐的各种要求。

国内外的实践已经证明，如果我们在建设时未能对大型公共体育场馆的赛后利用进行充分、合理的科学规划和预测的话，一旦比赛结束，不仅当时的大型比赛未能完全得到预期的回报，而且这些大型的公共体育场馆从一开始就会承担沉重的经济负担，更严重的是比赛结束后会陷入经营困境，以致造成较大的资产流失和经济损失，使主办国家或地区也陷入经济困境。

因此，公共体育场馆的赛后利用和经营方式要结合社会经济活动的需求变化来确定，要紧紧围绕体育产业的运营和开发，适时开展相关产业的业务拓展，进行多元化经营。要强调空间使用的灵活性，使赛事、休闲娱乐、商业服务共同吸引参与者，相得益彰。

以2008年北京奥运会场馆的赛后利用为例，在场馆建设的初期，有关方面就从整体布局、赛后利用、市民需求、社区配套和市场运营等方面予以充分考虑和统一规划。北京奥运会场馆在建设规划中特别注意兼顾集中与分散的原则。奥运会场馆主要集中在北京市的北部和西部，共分为4个区域，包括1个中心区和3个分区。中心区位于奥林匹克公园内，3个分区分别是大学区、西部社区、北部风景旅游区。在四大区域中，北京奥运中心区是场馆和设施最集中的区域，在奥运会结束后已经成为一个集展览、体育、休闲、商业等活动于一体的大型高品质区域。而大学区的场馆都坐落于各大高校校园内，赛后主要用于教学、训练、比赛等。

北京西部缺乏大型的体育设施，五棵松体育中心可以很好地填补这个空白。五棵松场馆在赛后为周边社区的居民服务，有效缓解了北京市西部公共体育设施的紧张状况。

北京奥运场馆的赛后利用还融入了北京未来几十年内打造世界城市和国际体育中心城市的战略构想。北京正在承办诸如升级后的中国网球公开赛、斯诺克公开赛等世界一流赛事。这些精彩的赛事，使得奥运场馆得到了较好的利用。奥运会的成功举办给这些场馆带来的无可替代的品牌效益和号召力，吸引了许多高水平的体育比赛和中外文艺演出团体。

2009年8月8日，国家体育场——"鸟巢"成功举办了意大利超级杯足球赛，取得了圆满成功。该场比赛的票房收入超过7 000万元，创下了国内足球比赛的票房纪录。2009年10月6日~7日，北京奥运会开幕式、闭幕式总导演张艺谋携奥运会开幕式、闭幕式原班创作团队在鸟巢演出了世界经典剧目《图兰朵》。2009年12月19日至2月19日，国家体育场还举办了为期两个月的"欢乐冰雪季"活动，使来到这里的游客们享受到滑雪、戏雪、赏雪的乐趣和特别的健身体验。

此外，北京北奥集团、北京演出有限责任公司、北京对外文化交流有限责任公司在国家游泳中心"水立方"联合推出《梦幻水立方》大型文艺驻演，前两期主题演出"大型水幕声光交响音乐会""大型全景芭蕾《天鹅湖》"，共演出120场，接待观众36万余人，票房收入突破3 900万元，开创交响乐和芭蕾舞驻场演出之先河，刷新了交响乐和芭蕾舞演出的场次纪录。

2009年，WTA（Woman's Tennis Association，国际女子职业互联）顶级赛事之一——中国网球公开赛由北京光彩网球中心搬迁到奥林匹克公园国家网球中心。奥林匹克公园国家网球中心总建筑面积为26 514 m²，共设置10片比赛场地。其中，中心赛场作为决赛场地，可容纳观众1万人，总的座席数为17 400个，另有练习场6块，如此华美的比赛场地得到了WTA主席拉里·斯科特先生的高度称赞，并吸引全世界最顶尖的网球选手前来参赛。

2022年冬季奥林匹克运动会将在中国北京市和张家口市举行。2021年1月21日，北京冬奥会竞赛场馆全面完工。新建的国家速滑馆，是北京主赛区标志性场馆，也是唯一新建的冰上竞赛场馆，被形象地称为"冰丝带"。国家速滑馆利用2008年奥运会曲棍球和射箭的临时场地进行建设，拥有亚洲最大的全冰面设计，冰面面积近1.2万m²。据了解，冬奥会结束之后，这里将成为我国运动员冬奥会冰上项目的永久性训练场地，也将对北京市民开放，满足其冬季运动的需求。

另外，新建的首钢滑雪大跳台是北京冬奥会唯一一个位于中心城区的雪上项目举办地，比赛期间将承担自由式滑雪和单板滑雪大跳台项目。赛后，这里将成为世界首例永久性保留和使用的滑雪大跳台场馆，同时向公众开放，变身服务大众的体育主题公园。

延庆赛区有3个非竞赛场馆，包括新建的延庆冬奥村和临时建设的延庆山地媒体中心、延庆颁奖广场。据北京冬奥组委规划建设部部长刘玉民介绍，延庆赛区的国家高山滑雪中心、国家雪车雪橇中心和延庆冬奥村3个场馆都是新建场馆，赛后这3个场馆将永久性保留。其中，国家高山滑雪中心将用于中国国家队和国内外专业队的训练和国际赛事的举办；国家雪车雪橇中心赛后将增设群众体验入口，开展大众体验项目；延庆冬奥村将改造成温泉度假酒店。

张家口赛区有3个非竞赛场馆，即新建的张家口冬奥村和临时建设的张家口山地媒体中心、张家口颁奖广场。冬奥会结束后，张家口赛区"三场一村"（国家跳台滑雪中心、国家越野滑雪中心、国家冬季两项中心、张家口冬奥村），将作为奥运遗产永久保留，成为奥林匹克公园。同时，张家口市计划依托奥运资源，将赛事核心区打造成世界级旅游目的地。

令人应接不暇的各种精彩的文体活动，使得这些奥运场馆充满活力，有效地满足了人民群众的文化和体育生活，迈出了赛后经营的可喜的一步。这些奥运场馆在社会效益和经济效益两个方面，进行了成功的探索。

（二）顺应城市建设发展潮流

目前，我国城市土地资源利用进一步集约化、社会生活日益多元化，再加上经济效益的有力推动，城市建筑功能的综合化和多样化已成为大势所趋。例如，在原来的大型商场，单纯的购物已不能满足人们的消费需求，于是美容、健身、饮食、休闲等各种活动集合于此，共同处于不同层次的开放空间中，满足人们的个性化需求。受到这种潮流的影响，公共体育场馆作为建筑综合体的一种类型，多功能化的趋势愈加明显，实用性要求也愈加迫切。

二、多功能建设的实施设计

（一）设计理念

公共体育场馆的多功能有两层含义：一是满足各种体育方面尤其是竞技比赛方面的要求；二是满足非体育方面，如集会、文艺演出、休闲娱乐、商业经营等方面的要求。大型公共体育场馆要做到多功能使用，应在设计阶段尽量满足以上各方面的要求。

（1）要有一个明确的赛后利用指导思想，从一开始就把赛后利用问题纳入规划设计中去，避免以后修改设计方案或在工程竣工后才想起要增加必要的空间、设施、设备等。在总平面规划中，应注意公共体育场馆的综合布局和配套设施建设，使场馆与体育项目、基础设施及周围的附属设施密切结合，共同组成一个相辅相成的完整系统，以适应后期的经营管理。这样，大型公共体育场馆在赛后的经营项目可以做到灵活多样：竞技比赛、日常训练、大众健身、大型会演、展览会、餐饮、住宿、购物等。避免了条块分割、彼此封闭、各项目独立经营的局面，经济效益十分明显。这一规划设计思路尤为适合体育中心一类的综合体育设施。以杭州游泳健身中心为例，淋浴、更衣设施的配备原来以正式比赛为依据，远远满足不了平时使用的要求，更衣、淋浴设施每天和每周的特定时段都在超负荷使用。后经过对使用人群流量的考察，确定了高峰人数，并以此为依据进行了改进，新增辅助设施面积300 m^2，较好地满足了日常使用需求，为中心创造了可观的经济效益。

（2）要考虑综合效益。综合效益是指对从城市整体到公共体育场馆个体等层面的社会效益、经济效益和生态效益的总体把握。一方面，要对公共体育场馆体育竞技效益、其他复合的各种功能效益、城市整体效益等各层面作出整体、综合的考虑。运用体育场馆的主导功能，通过对不同功能单位的互补设置与适度组合，形成完善的功能结构，并通过合理的空间设计、技术处理，使场馆具有很强的适应性，以满足竞技比赛、群众使用等多种要求，并为主导功能提供支持和动力，从而达到整体的最优化。另一方面，追求的综合效益最大化不仅包括经济效益，同时也要综合权衡社会效益、生态效益因素，以求得整个系统的协调和优化。

（3）要注意采用节能和环保技术，降低成本。在进行公共体育场馆的多功能设计时，要充分考虑成本因素。通过应用新技术工艺，解决实际问题，促进场馆多功能化的使用，提高场馆的综合效益。但同时也要意识到，那些用处不大、造价昂贵的新技术对场馆的建设和经营都会是很大的负担。在使用这些技术的时候应本着适宜的原则：一方面，技术应该是人性化的，即为人服务的；另一方面，技术应该是合理的，即适合现实的需求，符合经济效益。

（二）设计思路

1.扩大主空间的功能

（1）增加体育项目。增加体育项目可通过场地和空间的变化来实现。如设置活动座席以扩大活动空间，可容纳更多的赛事，设置升降幕布、活动隔断，依据参赛人数和各类项目将场馆分割成大小不同的场地，使建筑空间具有可变性。

（2）向其他领域延伸。比如公共体育场馆向文艺演出、展览、集会等领域延伸，可以显著提高利用率，取得较明显的经济效益和社会效益。

因此，设置灵活的空间如舞台空间和必要的设备如音响设备等，将使公共体育场馆具有功能上的多样性，为赛后利用和市场运作创造良好条件。

2.辅助空间实行多种经营

（1）兼顾群众参与体育活动的需要，如设置一些锻炼及娱乐用房，以提高社会效益。

（2）为群众提供方便周到的服务，如餐饮店、便利店、停车场等，以增强公共体育场馆的吸引力。从实地调研看，大部分场馆在柜台收银处都设有简易的小卖部，主要以出售饮料为主，但大部分消费者对这种小卖部的经营并不满意，最主要的原因是其商品价格普遍偏高，且品种太少。多数人都倾向于连锁便利店，当然这对场馆设置而言会有一定的难度，比较好的做法是将超市设置在既能对内又能对外的场馆入口处附近，这样既可满足消费者的需求，又能满足超市的日常经营。另一个值得注意的问题是体育运动消费者的经济能力在不断提高，许多人已经有了停车需求，在场馆规划中应充分考虑到这一新的消费需求。

（3）以丰补歉，提高经济效益；以副养主，提高场馆经营活力。多种经营一般要适量增加一些房间，但多数场馆是以发挥看台下部空间潜力为主，创造各种活动场地和服务空间。辅助空间实行多种经营所增加的投资，与主空间投资相比，数量很少，但取得的社会效益常常不亚于主空间，有时甚至会超过主空间，其经济效益相当可观。

第四章 公共体育设施资源管理与服务

第一节 公共体育设施的发展与分类

公共体育设施是指用于体育教学、训练、竞赛、锻炼和体育娱乐等活动的体育建筑、场地、室外设施及体育器材等的总称。公共体育设施是体育事业发展的物质基础，是普及群众性体育运动、提高竞技体育水平的关键因素之一。公共体育设施也是现代城市建设不可缺少的内容，具有增加城市功能和美化城市的作用。

一、公共体育设施的发展

（一）体育场馆的发展

1.近代体育场馆

自1896年在雅典举行第一届现代奥运会起，体育建筑的发展步入了一个新的阶段。近代体育场馆的发展主要是竞技体育场馆的发展，尤其是以奥林匹克运动建筑为标志的。近代奥林匹克建筑发展之初，主要是受复古思想的影响。复古思想的代表作是德国人设计的第一届雅典奥运会运动场，它是一个弯曲的长条U字形跑道，与古罗马竞技场的形状和长度都十分近似，看台与跑道形状一样，能容纳7万～8万人。进入20世纪，建筑上的实用主义开始支配着体育运动建筑，1908年，在伦敦举行的第四届奥运会的体育建筑是实用主义的典型代表。这届奥运会在伦敦的白城建造运动场，把主体运动场、赛车场、游泳池、拳击场等体育设施集中建筑在一起，可以称是近代体育中心的鼻祖。[1]

1920年，奥运会体育场第一次采用周长为400 m的跑道。我国近代体育开始于1842年以后，引进了日本兵式体操和欧洲柔软体操、器械体操及篮、排球和田

---
[1] 陈融.体育设施与管理[M].北京：高等教育出版社，2009：1-14.

径运动，修建了简易的篮、排球场和田径场。1915年和1921年的两届远东运动会，都是借用上海虹口花园作为运动场地的，全部比赛项目的场地和看台都需自己临时搭建，赛完即废弃了。1930年，在杭州举行的第四届全国运动会，也是临时搭建的木制看台。

2.现代体育场馆

20世纪80年代以后，科学技术得到了突飞猛进的发展，竞技运动得到了空前的发展，出现了"体育热"。尤其是世界各国政府加大了对竞技体育的投入。与此同时，随着经济的发展，大众健身活动也迅速开展起来，体育运动已经成为人们生活中不可缺少的内容。随着体育活动的不断发展，体育场馆的建设也进入了一个新的发展阶段，主要具有以下特点。

（1）体育馆数量急剧增多。1945年以前，大部分体育运动项目在室外比赛，限于建筑技术，只能建造小型体育馆，仅有一些比赛场地小的运动项目在室内比赛。1945年以后，一些在室外比赛的项目逐渐进入到室内比赛，各种各样的体育馆逐步增多。1988年，汉城奥运会23个大的比赛项目有一半以上在室内比赛。现在，可以建造大型体育馆，如田径馆、自行车赛车馆、滑冰馆。当今建筑材料和工艺已发展到可以建造具有5万个以上座位的超大型体育馆。体育馆为运动员和观众提供了更好的比赛和观赏条件。

（2）体育场馆建筑种类繁多，不仅传统的竞技项目得到发展，而且产生了许多新兴的运动项目，如各种赛车、冰雪、水上运动项目等。由于这些热门项目的参与人数多、比赛多、技术水平要求高，为适应这些项目的比赛，相应的专用体育场馆也要多种多样。

（3）工艺与设计水平明显提高。第二次世界大战后，在大型体育场馆的设计上，提高观赏效果是设计的主题之一，如缩短纵轴的长度、增加横轴的宽度、采用不对称的设计等。1968年，墨西哥城奥运会运动场为增强人们观赏的效果，采用双层看台设计，这种设计缩短了第二层观众的视线距离。看台设计上的另一个变化是减少体育场两端看台的列数，增加排数。部分大型体育场还采用了封顶的技术，在所有看台上建造顶棚，改善了观赏的条件。巴西里约热内卢修建的足球场，就采用了这种技术。

工艺与设计水平使比赛场地的质量明显提高，更加标准化。1945年以后，比赛场地的质量有了明显的提高。过去在土、煤渣和矿渣制作的场地比赛，现在场地的面层用木料、塑胶等高硬度、有弹性的材料制作，改善了运动员比赛的条件，为创造优异的成绩和更好的表现竞技能力提供了良好的条件。

（4）采用现代化的信息系统。目前，大型体育建筑都建有信息传导系统，它不但可以及时报道该场馆比赛的各种信息，有的还能报道其他体育场馆的比赛实况。此外，为举办大型综合性运动会，还必须具备大量的其他信息系统，如网络系统、电视转播系统等。

（5）完善的多功能服务设施。现代化的体育场馆必须建有为观众、运动员和工作人员服务的各种设施，如卫生间、淋浴室、咖啡厅、酒吧、商店、邮电局等，这些都是不可缺少的服务设施。由于现代世界性大型竞技比赛已远远超出体育比赛的单一目标，而成为世界性的体育文化交流，竞赛的主办国都要力争不仅为比赛提供良好的设施条件和周到的服务，还要通过城市和体育的建筑设施的独特风格与现代化水平来表现本国的综合国力。因此，在组织现代化的体育建筑方面，都力求更充分地满足现代竞技运动发展的需要，并与现代生活相适应。

（二）体育器材的发展

体育器材是与体育运动的发展紧密相关的。影响体育器材的发展变化的主要有两个因素：一是体育运动规则的变化，二是科学技术的发展。

近代体育器材，一方面随着体育运动本身的发展，尤其是新兴的运动项目的发展而发展变化；另一方面主要是随着人们在奥林匹克竞技体育运动中追逐更高的运动成绩而不断革新。奥运会初创之时，还没有什么专门的运动设施与装备。1896年的首届奥运会上，跳高和撑竿跳高项目没有过竿后缓冲落地的垫子，赛跑没有专门测试成绩的秒表；秒表、终点摄影机首次出现是在1932年洛杉矶奥运会上；1948年，有了室内加温游泳池；1963年，玻璃钢撑竿的使用，使当年撑竿跳高成绩提高的幅度超过了过去20年的总和。

1964年第18届东京奥运会，首次在田径比赛中正式使用了电子计时装置、信息传播和统计及光电计时测距技术，因而被称为"技术奥运会"。1967年，手持金属球拍的美国运动员康纳斯（James Scott Jimmy Connors）打败所有的手持木拍的对手，开始了他称霸网坛的时代，也开始了网球球拍革命的新时代。1968年，又有了塑胶跑道。1972年，一系列新的仪器包括用于投掷项目的光电测距仪投入使用。

现代体育器材的革新与发展主要是在高新技术的运用方面。例如，在2000年悉尼奥运会上，体育器材运用的最新的科技成果有：自行车用碳素纤维材料制作的分量轻、强度大的自行车架，通过风洞实验，造型达到抗阻力的最佳状态；通过一套计算机系统提供船体造型和力量分布的参数，使帆船具备最佳滑行能力；确定马拉松、铁人三项、竞走、公路自行车选手比赛途中位置的5 g的异频雷达收发机芯片（挂在鞋带上）；射击采用空心枪柄和铝质枪托，减轻枪的重量，并使枪的重心更为合理；能显示运动员射击动作情况的激光装置等。

在追求人与自然的和谐，强调"以人为本"的健身理念下，健身路径的兴起成为体育健身器材户外化发展的必然趋势。健身路径最早是20世纪80年代在欧美国家兴起的，其材料大多数是木头或玻璃钢，色彩与户外自然环境相协调。人们在这种环境中锻炼身体，心情舒畅，是一种美的享受。健身路径是由多种功能基本单一的运动器械组合配套的系列体育设施。它多设在环境较好的公园、绿地、河边等处。每隔一段距离，安装一种运动器械，所有器械安装的总长度为100~200 m。在每种器械旁写明这种器械的名称、锻炼方法、主要功能、安全注意事项等。有的还画有动作图像、锻炼时的热能消耗及评分标准。设立于广州市天河体育中心的我国第一条多功能健身路径，以占地不多、投资不大、简便易建、方便群众等优点受到广大人民群众的欢迎。

二、公共体育设施的分类

（一）体育场馆的分类

1.按使用性质分类

（1）体育比赛场馆。这类场馆是严格按照国际奥委会和世界各单项体育协会制定的竞赛规则对场地、器材的要求建设的体育场馆，供各种比赛使用，一般有看台（座席）和必要的辅助设施。

（2）体育教学训练场馆。按照运动训练或体育教学的需要建设的体育场馆。有的没有观众席位，或只有少量看台，辅助设施也较简单。有的场地虽然大小、材质等不符合竞赛规则要求，但能满足训练和教学的需要。

（3）体育健身娱乐场馆。用于满足大众健身娱乐的需要而设置的场馆，主要包括各种健身房、健身馆、康体中心等。这类体育场馆不仅能够提供健身设施，一般还提供健身指导、体质评价与运动处方等多方面的服务。

2.按使用用途分类

（1）专用性体育场馆。指那些只适用于一类或一个项目的场馆，如游泳馆只适用于游泳、跳水、水球和花样游泳等项目，有一套供水、水处理、排水及水温、水质控制等设备。棒球场、曲棍球场只能用于棒球、曲棍球，其他项目难以使用。自行车场是专供自行车比赛使用的场地，场地呈盆形，外高内低，并有一定的倾斜角度。射击比赛的专用场地，设施与其他项有很大不同，有靶壕，两侧要用围墙围起来，靶壕后面要设置挡墙或利用土坡作挡墙。还要有靶纸更换、靶子移动等设施。这类体育场馆在名称上多已标明其用途，如首都滑冰馆、丰台棒球场等。

（2）综合性体育场馆。指那些能适用于几个不同类运动项目的场馆。例如，首都体育馆的比赛场地可用于篮球、排球、手球、乒乓球、体操、滑冰等运动项目；北京工人体育场可用于田径、足球等运动项目的比赛。综合性体育场馆多用"体育场""体育馆"命名。

此外，为了区分室内和室外运动场馆，通常把全封闭式的室内运动场称作"馆"，如北京体育馆、首都体育馆；把室外的运动建筑叫作"场"，如国家奥林匹克中心田径场、昌平自行车运动场、上海虹口体育场等。

3.按占地面积分类

集中修建的体育场馆是竞技体育高度发展的产物。为举办大型的综合性运动会，把各种体育场馆、运动员和工作人员的住所、新闻中心、记者村等集中建筑，通常把这种集中修建的综合性体育设施的所在地，称为"体育中心""运动中心""奥林匹克体育中心""亚运会中心""体育公园"等。一般认为，体育中心必须具备"三大件"，即体育场、体育馆、游泳馆（或室外游泳池），并根据体育中心占地面积分为小型、中型、大型和特大型4种类型。

（二）体育器材的分类

1.正式比赛器材

这类器材一般都具有严格的技术标准，对于质地、重量、颜色等都有明确的规定，其技术含量较高。为保证正式比赛器材的质量标准，各类全国综合性运动会、全国性单项比赛和在国内举行的国际比赛中使用的体育器材都须经审定后方可使用。国际比赛所使用的器材也须经相应的国际组织审定。

2.辅助训练器材

这类器材可以分成专项性和基础性两类。基础性辅助训练器材包括力量、速度、耐力训练的器械，这种器械已在各种健身运动和各运动项目的身体训练中运用。在形式上可分为电动阻力、机械阻力、油压阻力等方面。专项性的辅助训练器材主要运用在体操、游泳、速滑、跳水、乒乓球等运动项目的训练中，这类器材构造并不复杂却很实用。

3.场地设施器材

主要是指在场地上配置的能够用于比赛的附属设施器材，有信息系统、电视转播系统、裁判工具等。一般包括电子计时、计分、彩色大屏幕等。现代化的场馆，从比赛的组织、安排、编录、指挥，到成绩公告一般都是采取网络化的信息服务。

4.体育健身器材

体育健身器材是人们从事体育锻炼的重要工具，包括各种形式、材质、规格、功能数量、阻力形式、色彩及运动数据输出等各异的健身车、跑步机、登山器（健步器）、体操器、举重训练器、拉力器、划船器、滑行器、游泳训练器、跳跃与弹跳式健身器、墙壁或门窗固定式健身器、单一和多功能训练器、按摩器械等。

健身器材从使用场所上又可分为家用型和专业型两类。家用型健身器材是适合家庭使用的器材，一般结构比较简单，使用方便，有些具有一定的娱乐性；专业型健身器材，产品的档次较高，设计和功能更加强调技术性和专业性。健身器材还可以根据运动方式的不同分有氧型器材和无氧型器材两类。有氧型运动器材是指在运动时，人体运动的能量以糖（或脂肪）的有氧氧化为主，主要锻炼人体的心肺功能，如跑步机、踏步机、磁空车、圆桶机等；无氧型运动器材是指在运动时，人体运动的能量以糖（或脂肪）的无氧酵解为主，主要增强人体的肌肉力量，如举重机、综合机，以及各种单功能肌肉训练器等。

第二节 公共体育设施的规划与配置

一、公共体育设施规划方法的创新

公共体育设施规划应以建设实施为导向进行创新。以体育用地控制为主，以非体育用地兼容公共体育设施建设为辅，以社会体育资源对外开放为补充的多元架构，通过"超前控制、结合建设、开放使用"的思路与方法，实现公共体育设施均等化的目标。[1]

（一）超前控制

对体育用地进行超前预留控制，并使其具有法律效力而不被侵占。要实现以上目标，一是规划部门、体育部门应联合制定公共体育设施的配置标准，将其纳入城乡规划标准体系，作为直接指导控制性详细规划及相关规划中体育用地配置和审批的依据；二是公共体育设施专项规划应达到控制性详细规划的编制深度，在编制过程中做好与已有控制性详细规划的衔接，在规划审批后应作为控制性详细规划新编和调整的依据。

（二）结合建设

面对现实中存在的社区公共体育设施"合理不合法"的现象，在目前我国规划体系中仅从规划布局角度很难解决非体育用地兼容性低的问题。应通过制定社区公共体育设施的规划建设指引来规范其建设，并纳入各地方规划、体育和建设等部门的管理要求。规划建设指引应对各地不同用地类型的兼容性、适建性等方面进行深入研究，明确提出各类用地建设社区公共体育设施的兼容性要求。同时，制定不同规模、不同类型的社区公共体育设施的建设模式，用于指导社区公共体育设施的建设。[2]

（三）开放使用

鼓励社会体育资源特别是学校的体育资源向大众开放使用，将其纳入公共体育设施范畴，并作为公共体育设施布局的重要影响因素。高效、合理地利用学

---

[1] 蔡云楠,谷春军.全民健身战略下公共体育设施规划思考[J].规划师,2015,31(07):5-10.
[2] 寇健忠,吴鹤群,林正锋.公共体育资源优化配置制度的转换基础、变迁特征与创新路径[J].三明学院学报,2021,38(04):13-19.

校体育设施应从以下三个方面入手。

（1）将对外开放的学校体育设施按照规模和分布情况进行"分级"考虑，规模较大、类型丰富的高校体育设施可作为市区级公共体育设施，规模相对较小的中小学体育设施可作为社区级公共体育设施，与公共体育设施在分布上形成互补的关系。例如，在高校分布集中的地区，可适当减少市区级公共体育设施的配置；在中小学分布较集中的地区，可适当减少社区级公共体育设施的数量或规模，避免公共体育设施的重复配置和资源浪费。

（2）在学校规划设计中应考虑体育设施对外开放的要求，体育运动区的设置应尽量集中和独立，与生活区和教学区互不干扰，并且有独立的出入口，以便学校体育设施的开放和管理。

（3）要从体制上逐步完善学校及社会体育资源对外开放的管理办法和要求，提高体育设施对外开放率。

二、公共体育设施配置标准的更新与统筹

（一）制定统一的公共体育设施配置标准

国家和地方应尽快制定统一衔接的公共体育设施配置标准，满足"全民健身"战略的新要求。国家应从宏观角度制定公共体育设施配置的原则和方向，强调规划配置标准与建设配置标准的协调统一，明确配置对象、时间与执行各部门在标准上的衔接；地方应根据国家提出的相关原则和要求，结合各城市自身的发展水平，制定详细的配置标准和实施细则，实现规划与建设配置标准的相互融合。

（二）各地结合实际明确公共体育设施的配置要求

我国公共体育设施配置标准应以各地政府为主导，针对各地区的实际情况，在国家配置标准的基础上，协同体育、规划和建设等部门，抓紧制定面向实施、具有可操作性和约束力的公共体育设施详细配置要求，并在城市控制性详细规划中落实，在规划条件许可、修建性详细规划中审批实施。

（三）利用非体育用地的兼容性建设，制定公共体育设施标准

各类体育设施建设具有灵活性高、场地要求低、建设难度低及与各类用地兼容性强等特点，尤其是面向全民健身的公共体育设施，非体育用地是其主要的

承载空间。公园绿地、居住用地、商业用地等与群众生活联系紧密的用地类型是公共体育设施建设的主要空间载体，利用非体育用地建设公共体育设施是我国公共体育设施的主要建设方式之一。

因此，在公共体育设施配置标准研究及公共体育设施规划中，应积极探索制定在非体育用地上兼容建设公共体育设施的标准及规定。明确以公共性、符合规划用地要求为基本原则，在不影响用地主导功能的前提下，从兼容性用地选择、体育场地所占比例、体育设施类型及指标、建设审批等方面制定具体的标准要求，使其具有法律效应。

第三节 公共体育场地设施的构造与配备

一、土质场地的构造

（一）土质场地的一般构造与基本要求

土质场地一般用天然地层，垫层用厚200～400 mm的大块石砌成，中间层用300 mm的碎石，再铺50 mm厚砂或150 mm厚砂石层（中间层有1～2层），其上为面层。面层可由不同材料制作而成为砂土场地、三合土场地、煤渣场地等。[1]

土质场地排水要通畅。主要措施是使场地有1%左右的坡度，四周要有约1 m深的排水沟。场地的透水性要好，一般应在雨后半小时后能继续使用。其主要措施是在场地下设间距不大于10 m的渗水盲沟，场地面层宜用透水性好的材料。场地地面要有一定弹性，不滑，并有一定的硬度，不易起尘。

（二）砂土场地的构造

砂土场地在面层以下的构造和做法与土质场地相同，主要是面层为50～80 mm的黄沙土。其中砂含量占60%～70%，或用黄沙加5%的石灰、20%左右的黏土混合而成。

砂土场地具有透水性良好、不滑、造价低的优点。但旱季容易起尘，雨季运动鞋从场地外带入黏土，使表层多年后就会变硬、变滑，一般5年后需翻修。这种场地要保持一定的潮湿度，以及没有明显的土块、小石块等物。

---

[1] 陈融.体育设施与管理[M].北京：高等教育出版社，2009：21-38.

(三)混凝土场地的构造

混凝土场地的构造与土质场地构造一致，仅面层为水泥混凝土。水泥是混凝土的胶结材料，混凝土的性能在很大程度上取决于水泥的质量。通常应选用强度较高、干缩性小、抗磨性能及耐久性能好的水泥。地面过大或超过10 m时应做伸缩缝，目前伸缩缝是用圆盘锯石机锯出深50 mm、宽50 mm的缝即可。填缝材料应使用与混凝土黏附力强、回弹性好、能适应混凝土的胀缩、不溶于水、高温不溢出、低温不脆裂的材料，通常有沥青橡胶类、聚氯乙烯胶泥类、聚氨酯焦油类、乳化沥青橡胶类材料等。混凝土场地耐磨，有足够的硬度，易排水所以不必设渗水暗沟，但如果面积过大，大于100 m^{2}或宽度大于50 m时，宜在两块场地间设排水暗沟。混凝土场地表面可刷不同色彩的线或面，表面观感效果较好。

混凝土场地的缺点是硬度大，弹性不足，比赛时运动员易疲劳，跌倒时易伤筋骨，水泥标号过小时容易起尘。混凝土场地一般用于室外篮球、排球、羽毛球、网球场地等。

二、人工合成面层场地的构造

(一)塑胶跑道的面层

（1）全塑型。由防滑层及胶层构成，全部为塑胶弹性体。一般厚度为9~13 mm，具有较高的回弹性，适用于比赛场地，建设成本较高。

（2）混合型。由防滑层及胶层构成，胶层中含20%~25%的废轮胎胶粒。一般厚度为9~25 mm，适用于比赛场地，是目前国内塑胶跑道的主要类型。该类型面层对场地基础层要求较高。

（3）颗粒型。由塑胶黏合废轮胎胶粒构成，表面喷涂一层塑胶。一般厚度为6~13 mm，适用于简易跑道。

（4）复合型。也称双层型，由废轮胎胶粒为底胶层，塑胶黏合废轮胎胶粒为中间层及防滑层。一般厚度为9~25 mm，适用于塑胶跑道主辅跑道及比赛场地，造价较混合型便宜。

（5）透气型。具有透气、透水性能好的特点。面层具有透气、透水性能是因为使用的黏合料的性质，最近用三元乙丙橡胶作材料，采用铺摊机和喷涂机等机械化设备施工，正被人们所使用。它能较好地控制场地的平整度，并避免面层易脱粒现象。

（6）活动型。不直接摊铺于地基上，而铺于纤维垫层上，可任意搬动，灵活机动，使用效率高。

（二）塑胶场地的构造

塑胶跑道铺筑于沥青或水泥基础上，基础做法与道路施工大致相同，是水泥混凝土基础结构。无论沥青还是水泥基础，都应当具有一定的强度和稳定性，不能产生裂缝或由于冰冻引起的不均匀冻胀。其表面平整度要求较高，3 m直尺误差3 mm，以保证塑胶面层厚度一致，弹性均匀。沥青混凝土基础完工后要求30天以上的保养期，以使沥青表面低沸点成分挥发掉，保证塑胶层与基础有足够的黏结强度。水泥混凝土基础也要有30天保养期，大面积使用需留伸缩缝。塑胶跑道质量主要体现在外观、面层厚度与平整度及物理机械性能上。塑胶跑道不能出现起鼓、气泡、裂缝、分层、断裂现象。塑胶跑道硬度的选择关系到运动员比赛成绩和对运动员身体各部关节的保护。硬度大反作用力也大，有利于出成绩，但有损运动员的关节；硬度小对关节有好处，但影响比赛成绩。

（三）球场的面层

（1）聚氨酯类场地。球场聚氨酯类场地面层结构同塑胶跑道相似，不同的是球场面层无颗粒，厚度仅有4 mm，适用于篮球场、排球场、健身房、体育馆地面。

（2）丙烯酸场地。丙烯酸因与场地基础沥青或水泥具有同类物质的特点，黏接性好，不会因时间长久及气象变化而出现剥离及裂纹。适用于网球场、乒乓球场、健身房等场地。

（四）PVC活动式塑胶地板

这类预制型地板结构由表层、稳定层、减震层组成。减震层通常由发泡材料构成，具有适当的反弹性和吸震性。稳定层由玻璃纤维构成，起安全补强作用。表层由PVC（聚氯乙烯）耐磨材料构成，其上还有PU（聚氨酯）保护层。PVC活动式塑胶地板对场地基础层要求不高，适用于任何平整的地面。安装简单，保养容易。适用于羽毛球场、乒乓球场、网球场等场地，尤其是多功能场馆使用更为方便。

三、木地板场地的构造

木地板地面是室内运动场地使用最多的，它具有脚感舒适、弹性适中、缓冲性能好的特点，能对运动者起到良好的保护作用，是一种理想的体育运动场地。目前也有采用实木复合技术的，以增强稳定性，使维护更便捷。

木地板场地的结构与制作有单层木地板与双层木地板之分。双层木地板是在木板之下45°斜铺一层毛地板，毛地板可用厚度不小于18 mm的松木，南方潮湿地区也可采用面板耐水防腐的酚醛树脂胶合板。单层或双层木地板结构，还可分为有木龙骨结构或无木龙骨结构两种。无龙骨的木地板场地是将木地板直接粘贴在水泥地面上，这种做法虽然简便，造价低，但由于弹性较差，故不宜提倡。龙骨做法也可有多种，通常是在木搁栅（主龙骨）的基础上加钉剪刀撑（辅龙骨）。在铺设龙骨时，有的还在龙骨上加弹性垫或抗变形钢槽来增加弹性与稳定性，目前还有采用双层龙骨的技术，以进一步提高木地板的弹性和稳定性。

木地板还要做严格的防潮处理。除了在木材加工之前进行蒸煮、脱脂性处理，还要在主、辅龙骨六面浸涂防腐油漆。

四、运动场草坪的构造

（一）天然草坪场地

1.足球场草坪

足球场草坪生长的好坏与场地的基础密切相关。因此，场地基础建设应该做长远打算，因地制宜、周密地进行。在地下水位高的地方，应该解决好排水问题。足球场草坪清除场地积水一般采用以排水为主、渗透为辅的方法，应适当注意场地的坡度。有的场地采取龟背式，中间略高于两侧，这样也能把积水排出去。

要渗透多余的水分，一方面要注意选择透水性好的土壤，并在下层铺填粗沙、碎卵石，这样可以加快渗透速度；另一方面建立盲沟系统，以便把渗透到底层的水及时排出去。各地应根据不同的地理位置、气候、地形、土壤等情况来决定，并尽量做到就地取材，只要能达到渗透多余水分的目的即可。

2.高尔夫球场草坪

高尔夫球场草坪应根据使用目的（国际比赛、一般比赛、活动或训练用等）、质量要求和经费情况进行规划和建造。规划之前应对场地之位置、地形、坡向、坡度、土地面积、土壤条件、水文状况及植被等进行详细调查。球道区可种植草地早熟禾和混合草种。除混合草的播种外，还可以采用结缕草铺草块法，使之迅速形成草坪。障碍区通常为自然式开阔的景观，尽量避免出现重黏土和砾土，应采用可粗放养护管理、适应性强的草种。可采用结缕草、狗牙根等草种。高尔夫球场上一般需要配置一些禾木和灌木，使景观更加美丽，空气更加清新，可栽植一些适应性强的树种，如松柏类、核桃、花楸、山楂、绣线菊等。乔灌木下的草种应选耐阴草种、常用混合草种。此区剪草高度不那么严格。

（二）人造草坪场地

人造草坪由聚丙烯纤维、pp树脂、抗紫外线抗老化的"胺"阻隔层及多种添加剂构成的纤维编织而成。用人造草坪建造运动场地在国外已有近20年的历史，这些场地包括高尔夫球练习场、足球场、橄榄球场、网球场、曲棍球场、棒球场及游泳池的四周。人造草坪的优点有以下几点。

（1）常绿性。不受气候、土壤、水文等自然条件的影响，不论纬度的高低，一年四季保持常绿，外观美观。人造草坪有多种颜色可供选择，深绿、浓绿、浅绿均可经过加工制成。

（2）全天候使用。在气候不利的情况下，如五六级以上的大风、倾盆大雨的淋洗及夏季太阳的暴晒等，质地仍保持原样，不变质收缩。雨水降落时，水滴不会附着在人造草坪叶子上，具有疏水快捷的特点。因此，完全不受天气的影响，能在高寒、高温、高原等极端气候地区使用，是全天候场地。

（3）耐用性。人造草坪具有较强的缓冲能力，遇到重压后恢复性（恢复原来状态）良好，在经常性踩踏后仍保持原样，具有耐磨的特点。人造草坪保养方便，维护简单，无需除杂草病虫害，养护费用低，特别适合训练时间长、使用密度高的单位。

五、公共体育设施的配备

（一）建设用地要求

公共体育设施一般占地较大，除各种设施本身占地以外，还必须留出足够的安全保护空间、集散空间、绿化空间与道路空间。各类体育场地的建设用地，是根据不同运动项目的场地尺寸、辅助用房面积、观众席规模及交通道路设置、绿化及环境设计等因素决定的。[1]

（二）建设选址要求

1.满足使用要求

公共体育设施是国家作为投资主体兴建的社会公共财产，或者说是一种公共产品，决定了它是为社会公众服务的，重点应突出社会效益，要向社会和公众开放，向社会提供公共服务。因此，公共体育设施应选在交通方便、位置适中的地方，方便人民群众参加体育活动，对城市某个地区体育活动的开展起到促进作用。公共体育设施应适合开展运动项目的特点和使用要求，满足运动项目的朝向、光线、风向、风速、安全和防护等要求。

公共体育设施要从单纯为竞技体育提供比赛场所转变为既能承办各种体育比赛，又能开展全民健身活动、丰富群众生活，使竞赛与群众性体育活动结合、体育活动与文化活动结合，开展多种使用，充分提高体育场地的使用率。

2.满足环境要求

公共体育设施的选址应尽量避免工业等"三废"的污染，要选在环境良好和符合卫生条件的地段。有些体育运动项目本身就起源于自然，如滑雪、登山、水上运动、冰上运动等。因此，因地制宜地充分利用自然条件设置体育设施会取得较大的效益，例如：游泳池（馆）宜建于环境优美、位置适中的公园及居住区中心绿地内，四周有植被，无严重的空气污染，防风、防尘的地方；天然游泳场宜建在有良好自然水质的泉水、温泉的地方及水质良好的江、河、湖、海等适宜游泳的地方，以减少人工供水的经济负担，有的工矿企业有大量冷却水，也可作为游泳池的水源。

公共体育设施的选址要充分注意市政设施是否完善，包括道路交通是否方便，通信系统如电话、电视设施是否完备，社会服务设施如有无商店、银行、旅馆等。在充分利用环境现状的同时，体育设施的建设也会促进市政设施的建设和完善。

3.满足安全要求

公共体育设施的设计必须考虑发生非常状态时的疏散、隐蔽、迁移的方便

---

[1] 陈融.体育设施与管理[M].北京：高等教育出版社，2009：137-168.

与安全。因此，公共体育设施在选址时要按照防火、防震、人防的有关规定，考虑留出必要的建筑间距、安全疏散通道和场地，以此来设置人防设施。注意公共体育设施所处的工程地质情况，考察当地有无地下工程设施、是否属石灰溶洞地区、是不是滑坡地带等。

（三）健身路径的设计

健身路径推动了公共体育的蓬勃发展，居民无须花费即可就近、就便进行趣味性的健身锻炼，呼吸着户外清新的空气，享受着运动带来的快感，从而使心情更为愉悦、视野更为宽阔、交往更为广泛。健身路径吸引了众多不同年龄、不同性别、不同身体状况、不同文化背景的人加入锻炼者的行列，健身路径已成为大众健身的主要手段之一。健身路径设计应遵循以下原则。

（1）科学性原则。设计的锻炼方式，应有明确的锻炼目的和理论依据，符合人体运动的基本规律。在进行各种路径锻炼时，身体各部位的练习要依据一定的顺序进行，遵循由下而上、由上而下或由大关节到小关节、由大肌肉群到小肌肉群的顺序进行练习。设计的路径，能使锻炼者身体的各个部位都得到协调锻炼，并使锻炼者的各项身体素质都得到发展。同时要注意运动负荷量适宜。在设计各条路径时，要结合锻炼者的身体情况，如身体健康程度不同，年龄不同、或性别不同，安排不同的站数并具体规定每一站相应的练习负荷，以达到科学健身的目的。

（2）实用性原则。所设计的动作与路径，应使群众锻炼时感到简单易学，并能够利用不同器械的同一类功能来锻炼人体的某一项素质，有效地锻炼身体。根据人体身体素质的分类，制订出发展不同身体素质的路径，如速度素质路径、力量素质路径、柔韧素质路径、协调素质路径、综合性路径等。使群众不仅懂得应该怎样练，而且知道练什么，从而使练习的目的更加明确。

（3）针对性原则。锻炼者群体的情况不同，存在着年龄、性别、体力、身体状况等方面的差别，因此在设计路径时，要针对锻炼者的实际情况进行设计。例如，针对老年人的路径，或针对女性的路径等，使不同年龄组别的锻炼群体依据自身条件选择适合自己锻炼的路径进行锻炼。

（4）趣味性原则。设计的动作与方法，应既有锻炼身体的效果，又具有趣味性和多样性，使群众能够轻松、欢快地强身健体。在设计路径时，要尽可能地使练习过程具有变化性，主要体现在器械的变化及练习动作的变化两方面，使练习不致显得枯燥、无味。

（四）部分健身器材的介绍

1.压腿架

压腿架是一种非常简易的健身器材，压腿架的构造主要由立柱和压腿横杠组成。有些器材还在一副压腿杠上设计不同高度的横杠，以适应不同身高、不同体质的人练习。其主要功能是通过锻炼来改善人体的柔韧性，扩展关节的活动范围，使僵硬紧绷的肌肉，尤其是人体腰背肌、大腿后群肌肉得到舒展。

2.平衡木

常用的平衡木由2～3根平衡木拼接而成，一般拼接成"之"字形，以增加器材的美观性，也加大锻炼的难度。平衡木的构成非常简单，有些平衡木采用矩形方木，有些则采用圆形铁管，经常在平衡木上行走，对增加人体的平衡能力很有好处。

3.梅花桩

梅花桩模拟了中华传统武术中的梅花桩，因而得名。梅花桩一般用金属制成，桩高约10 cm，桩面呈梅花形，一组梅花桩阵一般由11个梅花桩组成，有些排列成梅花型，有些则排成直线。每个桩面上分别标有A、B、C……直至H、I、J、K等字母，以引导锻炼者依顺序踩踏。梅花桩主要用于提高人体的灵敏性、协调性和平衡性。

4.太极推手器

太极推手器根据传统的强身健体的思想，以太极拳的基本动作——推手作为基本锻炼形式，是一种设计新颖的健身器材。太极推手器的基本构造包括支架和转盘。转盘成对安装，其表面有许多黄豆大小的按摩凸点。转盘以斜向约60°角安装，以配合推手动作的完成。

5.云手转轮

云手转轮器械的基本构造是立柱和转轮，一般由两个紧挨着的转轮组成，两个转轮略成一定角度，转轮上有手柄供锻炼者握持。

6.扭腰器

扭腰器又称"美腰器"，其主要功能是锻炼腰部肌肉。扭腰器由底座、底盘、转盘、立柱和把手组成。底座安装于地面，转盘与底盘之间的连接通常用滚珠环，它使得转盘活动自如。但应注意，由于转盘与底盘之间的转动摩擦阻力很小，又无限位装置，锻炼时一定要手握把手，以免因失去平衡而摔倒。

7.步行软梯

步行软梯是以提高全身灵敏性和协调性为主的一种器械，它主要由立柱、曲形横梁及吊索脚蹬等组成。一般装有9根吊索，吊索下端为半圆形的脚蹬，横梁设计成曲线形，且吊索一般很长，因此脚蹬的位置也是上下错落的，增加了练习的难度。由于吊索的来回晃动，锻炼者在行进过程中需手脚配合，因此这也是一项全身运动。

第四节　公共体育设施的经营服务管理

一、公共体育设施服务的设计

公共体育设施服务无论从经营的需要出发还是从其承担的社会职能出发，都应着眼于"以人为本、以服务为本"。为实现这一宗旨有必要事先筹划、设计好服务项目的运转方式，从而使服务人员和消费者了解该项目服务如何进行、需要经过哪些环节、有哪些手续和规定，这就是服务流程的设计。它对提高服务质量有十分重要的作用。[1]公共体育设施服务的设计有以下要求。

（一）以消费者为中心

消费者的需要是衡量一项服务内容、一个服务环节和一种服务方式是否应该存在的最终标准。随着人们体育消费意识的增强及体育设施和服务水平的不断改善，体育消费者的期望值也在不断提高，体育设施经营服务要达到消费者的期望值，满足不同消费者的不同需求，必须通过市场调研深入了解消费者的需要，并根据消费者的要求设计服务的内容和方式。

（二）可参与性和灵活性

可参与性是指让消费者体验参与的乐趣，并在参与中得到锻炼和休闲。公共体育设施服务的参与性很强，消费者在体育活动中不仅要锻炼身体，还期望得到身心的放松和精神上的享受，因此在进行服务过程设计时，要考虑到具有趣味

---

[1]　陈融.体育设施与管理[M].北京：高等教育出版社，2009：199-216.

性、健身性、新奇性或刺激性，才能受消费者的欢迎，给消费者舒适的感觉和精神上的享受。

灵活性是指因为消费者之间存在需求差异，同时消费过程存在随机性并会出现一些突发事件，所以公共体育设施服务应该随机应变，要求在不损害消费者的原则下，灵活地提供服务。例如，对于初次来的与经常来的、懂得运动规则的与不懂运动规则的、青年人与老年人、男士与女士等，都要视情况灵活服务，以满足他们的不同需求。

（三）服务过程要方便消费者

在设计服务方式时要以使消费者方便为出发点，研究每一种服务应在什么时间、地点、什么情况下提供最合适。设计应尽量减少活动前及活动结束后的手续环节，避免让消费者进行过多的复杂手续。

（四）服务过程体现自身特色

体育设施经营服务，除了从民族、地方文化，或在经营规模、档次上来体现特色，最重要的是要以服务内容来突出特色，在服务行为上突出个性化，在服务质量上提高水平，创造出独有的特色来吸引消费者。

二、公共体育设施服务人员的配备与管理

公共体育设施服务人员的合理配置，一是指服务过程所需要的工作人员的配备，包括管理人员、服务人员；二是指根据服务项目进行分工定岗，即岗位的选择，安排合适的人员。人员配置对工作效率、服务质量、劳动力成本、经营管理成本都有直接影响。影响公共体育设施服务人员配备的因素有以下几点。

（1）开放时间与消费者流量。根据开放时间和消费者流量能够推算出某个服务项目及某个岗位工作量的大小，从而进一步推算出所需要人员的数量。有些体育项目具有明显的季节性特点，如室外游泳池，其淡季和旺季的客流量差异特别大。不同季节需要的人员数量不同，因此可以采用弹性编制。

（2）服务内容和档次。服务内容与岗位及人员配备是成正比的，服务规格越高，提供的服务越多，所需要的人员就越多。

（3）服务人员素质和服务水平。人员素质较好，服务技巧熟练，必然能更好地完成岗位的要求，节省人力资源。

（4）有关政策规定。要执行劳动法和相关体育条例对服务人员配备的要求。

（一）公共体育设施服务人员配备方法

（1）定额配备。根据服务内容分析来配备人员。通常将各部门的所有服务项目内容依流程图分析，按各项服务执行阶段记录一个月内的服务总时间，从而计算出该项服务需要多少人员。

（2）同业比较配备。可与相同规模的同业进行比较，调查其组织和人员配备，进而参照执行。

（3）作业标准化计划配备。利用服务作业标准化计划来掌握作业分组状况，将全部服务人员分担的工作相连接，形成一个职务分配表，依此可计算出所需人员。[1]

（二）公共体育设施服务人员的招聘

招聘工作是按照相应岗位的职务所要求的条件选择合适的应聘者。招聘渠道主要有外部招聘与内部招聘两种。外部招聘是面向社会采用适当的方式进行招聘，可以通过广告媒体，也可以向就业服务机构、大中专院校招聘，还可以通过本单位员工推荐适当人选。内部招聘是在本单位内部本着双向选择的原则，通过对报名应聘的人员进行考评，对其中符合条件者，采用调动或提升的方式，安排他们到相应的岗位上工作。

由于公共体育设施服务的特殊性，一些经营单位常聘用非正式编制员工。这些人工作流动性比较强，有一部分是从事兼职工作，他们同经营单位的劳动关系比较灵活。其计算劳动报酬的方式与正式员工不同，可以按天计算、按小时计算、按场次计算，还可以根据个人创造的收益按比例提成。

招聘工作一般要遵循以下程序进行。

（1）制定招聘计划。根据经营需要确定招聘的工种及人数；根据职位要求，确定具体的招聘标准。

（2）确定招聘渠道。采用内部招聘还是外部招聘；是员工推荐还是广告宣传；是应届毕业学生还是其他人员等渠道。

（3）审阅应聘材料。通过应聘报名表或履历表了解应聘者的相关情况，初步判断应聘者是否能达到职位要求。应聘报名表或履历表是了解应聘者情况最常

---

[1] 王一乐.公共体育资源配置效率优化研究[J].合作经济与科技，2021（07）：151-153.

用的方法，可作为决定是否对其进行面试的依据。

（4）面试。通过面试，考察应聘者的仪容仪表、思维能力、表达能力、基本技能等条件是否符合初步要求，了解其经历、学历，以及对工作待遇、工作环境、工作时间的要求。

（5）技能测试。这是考查应聘者实际技能的重要环节。技能测试的内容与方式以职位所要求的条件而定，可以从两方面进行：一是通过口试或笔试测试其理论素养；二是通过具体操作测试其实际能力。

（6）核查应聘者资料。为准确了解应聘者，应通过证明人、原单位或雇主去了解应聘者的工作态度、人事关系、业务水平、工作业绩等方面的情况，结合面试、技能测试可对应聘者能否适应工作做出进一步判断。

（7）办理相关证件。如体格检查、办理健康证、外地应聘者办理暂住证等。

（8）发出录用和报到通知。

（三）公共体育设施服务人员岗位的职责与行为规范

1.服务人员岗位职责

公共体育设施服务项目各具特色，甚至具有非常独特的个性，因此每个具体的岗位职责就不可能完全一样。这里所介绍的岗位职责，主要是指共性部分，而不针对某个具体项目的某个具体岗位。公共体育设施服务人员的岗位职责主要包括以下几点。

（1）服务人员要熟悉所在项目的历史背景、发展状况，熟悉该项目的规则、动作要领和设备的使用方法。

（2）按照规定经常检查、保养和维修本项目的设备和器材，使之处于良好的运行状态。做好场地和设备的卫生工作，所需的相关用品准备齐全，为消费者提供良好的消费环境。

（3）注意消费者在消费过程中的愿望和要求，主动为消费者提供服务。例如，记分服务、排除设备故障、指导动作要领、提示注意事项等。对于初次来的消费者，应主动介绍本项目的内容和特色，帮助其尽快熟悉和掌握本项目的相关知识。

（4）固定岗位的服务人员（如服务台岗、游泳池的救生岗等）在当班时必须坚守岗位，不得擅离职守。有特殊情况需要离开时必须向领班请示，经同意后方可离岗。流动服务岗的服务员必须不停地巡视检查，及时为顾客提供服务。

（5）维护场所的公共秩序，遇到不遵守公共秩序的消费者，应当婉言劝阻。例如，谢绝酗酒者和皮肤病患者进入游泳池。如果发生意外事故，应首先采取相应的紧急措施，然后及时向上一级报告，紧急情况可越级报告。

2.服务人员行为规范

服务人员的行为规范主要包括以下几点。

（1）仪容准则。应对服务人员的发式、着装、化妆、饰物、站立、行走等提出具体的要求。例如，头发应保持整洁、按时修剪；必须穿工服到岗；工牌应佩戴在左前胸上衣兜口处；不要浓妆艳抹；教练或陪练岗位不得佩戴饰物；站立时不得叉腰或抱胸，不得依靠他物等。

（2）服务态度。应对下列事项提出具体要求：身体语言；身调音色；服务主动、殷勤周到，如说话音量适度，语调柔和，吐字清晰；接听电话要迅速；态度主动、诚恳而热情，对消费者的批评要冷静，解释时要耐心，不得与消费者争辩等。

（3）礼节规范。应表示对消费者的尊重，包括平等待人、以礼待人；礼貌迎送；使用敬语、得体对答；避免不良举止等。

（四）公共体育设施服务人员的考评

业绩考评是用科学的方法对集体或个人在某一段时期内的工作进行检验、评价并与标准核对的工作。考评是服务人员管理的一项重要工作，要建立相应的考评机制，它包括以下内容。

1.考核时间的确定

考核时间不能间隔太长，太长容易只看重服务人员的最近表现，而忽视他们在整个时间段内的整体表现，间隔太短则容易使烦琐的考评工作成为例行公事。因此，应根据服务人员进岗时间的长短及不同的工作性质和不同的考核内容来确定考核时间间隔。一般而言，公共体育设施服务人员日常考核每月进行一次比较适宜，再配合进行半年考核、年度考核，会得到比较好的效果。

2.考核人员的构成

考核不能由某个管理者来进行，而应该由具有各种代表性的一组人员来进行,这样能够保证考核的公正性。通常这一组人员中应包括被考核者的直接上级,如领班、部门的管理者如部门经理及员工代表等,考核结果还应该通过更高管理层的审查。

3.考核方法的确定

考核的主要方法有自我评定考核法、面谈考核法、排序考核法、一一对比考核法、绝对标准比较考核法等。这些方法各有利弊,为克服不足,往往都是把两三种方法相互结合使用。在选择方法时,必须要根据评估的目的、内容和对象确定考核的信息来源。

4.考核必须与奖惩相结合

考核只是提高服务质量的手段之一,它必须附以相应的奖励和惩罚措施才能产生效果。

(五)公共体育设施服务人员的激励

(1)确定合理的工作量。从事公共体育设施服务岗位的人员多是为报酬而工作的,工作量使服务人员明确在何种条件下能够拿到基本的工资收入,在何种情况下能拿到超额的奖金。尤其是编外(临时)人员的报酬构成、分成比例应非常明确,使服务人员有努力的方向和积极性。

(2)提高福利待遇。改善工作条件和环境,给予员工更多的业余时间或休假。提高福利待遇是基本的激励方法。

(3)肯定工作成绩。对服务人员的工作成绩应适时给予表彰和鼓励,使他们知道自己做的工作是有用的,进行的服务对他人是有价值的。认识自我、认识到自己的重要性,就能提高服务人员对自己工作的自豪感。对服务人员工作给予肯定,还会使他们获得社会和同事的赞赏,从而满足他们的自尊心。

(4)对违章人员强化管理。服务人员是否遵守规章制度,对其他服务人员有着非常重要的影响。如果某个服务人员违章而没有被处理,其他人员就会觉得受到了不公平的待遇,其后也会竞相效仿。对违章服务人员进行强化管理是激励的基础,对有轻微过失的服务人员要提出批评教育或警告;对有重大过失的人员给予警告、辞退处理;犯严重过失人员要严厉处罚并辞退或开除。

三、公共体育设施服务过程的控制

（一）公共体育设施服务制度

在公共体育设施服务过程的管理中，一个基本的依据就是相关的规章制度，这不仅有助于提高服务质量，也可使日常管理和检查督导有统一的标准。因此，制订服务制度是公共体育设施服务过程管理的重要内容。

服务制度是指在具体服务中应该执行的服务标准、服务程序和服务规范。服务标准是指为使消费者获得满意的服务所应达到的量化指标，也是衡量服务水平的准则和尺度；服务规范是指为达到服务标准所应采用的具体服务方式和准确作法；服务程序是指服务过程中服务行为的先后次序。

1.制度依据

（1）消费者的需要。公共体育设施服务的目的是满足消费者的需要，所以在制订服务制度时，首先要依据消费者的需要。

（2）行业特点。公共体育设施服务同商业、餐饮业的服务不同，它不是直接提供物质销售服务，而是提供以一定物质条件为基础的精神上的服务，使消费者通过体育活动达到强身健体、愉悦身心、消除工作和生活中产生的紧张和疲劳的目的。因此，服务制度的制订，应根据体育服务行业的特点。

（3）经营要求。经营中的市场定位、设备档次的不同，它的服务档次也不应相同，相应的服务程序、服务规范、服务标准也各不相同。这种经营的差异也是制订规章制度的依据。

（4）法规和道德规范。所有的规章制度都应该在不违反国家法规和社会道德规范的前提下制订。

2.制订方法

公共体育设施服务制度既是管理者对员工要求的体现，又是员工共同要求的综合反映。当每个员工都意识到为了单位发展、繁荣，也为了自身的利益，应当共同承担一定的义务和责任，应当遵守共同的秩序、准则，公平地对待自身和其他人时，就产生了对制度的需要和执行制度的自觉性。因此，应充分调动员工参与制订服务制度。制订公共体育设施服务制度一般有以下程序。

首先，由项目管理人员或熟悉公共体育设施服务管理且有一定文字表达能力的员工草拟初稿，起草的内容越具体越好，尤其是服务规范，应针对消费者的期望值一条一条地制订。

其次，召集一部分有经验的服务人员对初稿进行讨论和修改，邀请一部分经常到本项目消费的消费者对初稿提出意见并做修改，再将经过修改的规章制度向全体服务人员进行宣传并试行。

最后，试行一段时间后，再组织服务人员和消费者对试行的规章制度提出进一步的修改意见，经过反复修改后才能定稿。

公共体育设施服务的项目内容和形式有较大区别，有关服务程序、规范和标准是根据它们的特点而制定的，所以各项目服务制度都有自身的特点，有些项目甚至有非常独特的个性。但从规章制度的制订角度看，服务人员岗位职责及对他们的素养要求是公共体育设施服务制度的基本内容，服务人员的行为规范和工作纪律则是基本着眼点。

（二）公共体育设施服务质量的把控

1.公共体育设施服务督导管理

督导是指负有一定责任的基层管理者对其下属员工的工作实施以检查、监督、指导为主的一系列管理行为的过程。督导的内容包括仪表仪容、岗上纪律、服务程序、服务规范、服务标准等方面。督导管理的基本方式包括制度管理、标准化管理、现场管理、表单管理、情感管理等。

（1）制度管理。制度管理是通过工作纪律、服务程序、服务规范等强制推行的规章制度，对员工的服务进行检查的一种管理方式。制度是员工行为的准绳，它规定了员工在工作期间可以做什么、不可以做什么及怎么做。

（2）标准化管理。标准化管理是对服务工作制订出具体的量化标准，并以这些标准对服务工作进行检查、监督、指导的管理方式。具体讲，就是要在服务的功能性、经济性、安全性、实效性、文明性五个方面制订出定性和定量的标准。有了统一的标准，才能进行统一的督导管理。

（3）现场管理。现场管理是管理人员深入实际工作、亲临现场，观察和发现问题，并争取当场解决问题的一种管理方式。由于体育设施项目多，分布面大，不便于集中管理，为了保证各环节工作的有效衔接和各岗位员工工作质量的稳定，管理人员必须深入现场，随时检查，随时示范指导，使督导工作能够落到实处。

（4）表单管理。表单管理是通过各种报表、单据所提供的信息资料进行检查督导的管理方式。表单包括上级对下级的指令单、活动通知单等，也包括下级对上级的报告书、建议书、统计表、工作日志等文字材料。表单管理的优点是信息传递准确、有案可查，不易遗忘、不易发生扯皮现象。

（5）情感管理。情感管理是通过"情感投资"来改善管理人员与服务人员之间的关系，使之感情融洽，以提高工作效率的管理方式。与制度管理相比，情感管理属于"软"的管理方式，情感管理与制度管理结合使用，能够相得益彰，使督导取得较好的效果。

2.公共体育设施服务质量控制的方法

（1）制定公共体育设施服务质量标准。公共体育设施服务质量标准是一种描述体系，它具体阐明了管理者对每个岗位服务人员的服务效果与服务效率的要求。质量标准应从消费者的立场出发来制定，是建立在消费者期望基础上的标准，而且应该是可评估的标准。

公共体育设施服务质量标准应该规定出服务人员在每个环节的动作、形态、语言规范、时间限制等方面的内容。例如，要求服务人员站姿端正，应提出具体的要求，具体确定从头到脚每一部分肢体的姿势和位置，便于培训和指导，以及衡量和检查。

（2）征求消费者对服务质量的意见。收集消费者意见主要通过服务质量评定表、现场投诉、意见信或表扬信等方式。其中邀请填写评定表是主动征求意见的方式，评定表的设计要简单、明了，易于填写。

（3）制订岗位说明书。岗位说明书是通过岗位分析把每个岗位的性质、任务、工作内容等用书面形式记录下来。它是防止各工作岗位之间相互推诿的有效方法。制订岗位说明书应对每个岗位的工作内容、职责等进行全面分析、描述和记录。通过岗位分析可以明确每个工作岗位所处的层次，以及该岗位与其他岗位之间的关系，使得每位任职者都分清职责。

(三)公共体育设施服务的收银管理

1.收银结账方式

经营单位与消费者之间为了保证双方利益，往往在结账前有结算约定。经营者为吸引更多消费者，往往采用相对灵活的结账方式。[1]

（1）定期结算方式。信誉较好的团体或个人，尤其是固定消费者，和经营单位约定后，先行记账，然后按月、季或其他双方约定形式事后一次性支付。这种结账方式，在每次消费后，由该消费者在账单上签字认可，并由服务人员确认。这种结账方式在结账管理工作中最关键的是完整地保存有效的原始凭证，否则容易发生拒付事件，给经营单位造成损失。

（2）即时结算方式。进行消费的团体或个人在消费后即付款结算，皆为即时结算方式。在这种结算方式中，消费者可以用现金、信用卡或支票等形式进行结付，因此服务人员应熟悉支票、信用卡等方式付款的收取方法，同时应具备区别假币、识别外币的能力。

（3）会员制结算方式。由团体或个人事先从经营单位购买一定金额的消费信用，即预付，然后在每次消费时可享受一定的优惠，逐笔消费从预先购买的金额中扣除。对经营者来说，这种结算方式为利用资金的时间价值提供了机会，并能促进经营收入的稳定。对消费者来说，由于预先购买，所以享受的优惠折扣幅度应该与部分现金用于其他投资的回报大致相一致。

2.结账流程

（1）结账前的辅助工作。包括准备发票、复写纸、书写工具等，同时检查发票的交接班号；准备足够的找零现金，且票面干净；确认当天服务人员所负责的区域；判断当天消费者人数及高峰期的工作量，做好心理准备。

（2）现金收款程序。①询问并查对消费者消费的项目、数量、时间、人次等情况，向消费者通报价格；②根据消费者消费的实际情况，计算应支付的金额，清楚地通报，并将账单呈示给消费者；③接到消费者的现金，先点清数额并向消费者唱报，遇大额钞票应用验钞机检验真伪，如需要找回零钱则应尽快找回；④按照交款的数额，交给消费者票据；⑤向消费者表示谢意，并表示欢迎再度光临。

---

[1] 覃云.公共体育设施资源配置与服务优化研究[J].体育视野, 2020(05): 10-11.

（3）信用卡受理程序。①认清信用卡名称，确认是不是本单位接受的信用卡；查看防伪标志，并结合其他方法判别信用卡的真伪。②核对有效日期：所接纳的信用卡应在有效期内，倘若收到过期或未生效的信用卡，则应礼貌地退还。③核对签名：账单签名必须同信用卡背面的签名相符。④核对注销名册：如果消费金额不超过信用卡限额，即可进一步查核信用卡账号是否列在最近一期的注销名册内，如有则应立即终止，扣下有问题的信用卡，并尽快转告代办银行。⑤刷卡：将消费金额和消费日期输入刷卡机，将信用卡插入刷卡机操作。刷卡后将信用卡连同账单一并交还给消费者。

3.收银控制

公共体育设施服务收入主要是服务产品销售的收入，收银控制要比有形产品销售收入的控制要难，因此做好收银控制是管理服务过程的重要环节。

（1）制定严格的收款制度。制定严格的收款制度是收银控制的重要手段。主要包括以下几点。

①备用金领用规定：上班时应核对上一日备用金收发控制表；下班前应核对期末备用金，以便结转次日。备用金清点、分发时都应有监督人在场并签字确认。

②现金收入清点制度：收款员要对所收到的营业款负全部责任。规定收银处现金的最高限额，达到该数额时要派专人送到规定的部门或银行。制订现金交接、签收、监督的规定。

③票据管理制度：制定票据保管、领用、开具的规定。发票的使用要严格遵守国家关于发票的管理办法及有关条例执行。

（2）账单使用的控制。账单是经营收入的重要凭证，账单内容应包括日期、账单流水号码、消费项目、消费者人数、消费时间、总价格等。

一般情况下，每一位消费者或团体只开具一张账单。账单一般是采用一式数联的方式，联数可多可少，要根据经营规模、项目多少来确定。通常是账单一联留在服务人员手中，一联给收银台。

一个营业周期（通常为一天）结束时，服务人员保留的账单与收银台结账金额应逐一核对是否一致，通过核对还可以获得消费者消费情况并更好地控制成本。

（四）公共体育设施服务投诉处理

1.消费者投诉的原因

消费者满意度小于期望值时，就会对服务产生意见，当这种情绪在某一方面超过临界值时消费者便会投诉。投诉的原因主要有以下几点。

（1）因设备出现故障而引起投诉。

（2）因服务人员技能差或服务经验不足而引起投诉。

（3）因服务人员没有礼貌、礼节不周或服务态度不认真而引起投诉。

（4）因服务人员索要小费而引起投诉。

（5）因工作效率低而引起投诉。

（6）因环境卫生差而引起投诉。

（7）因各部门之间不协调而引起投诉。

（8）因发生意外事故而引起投诉。

2.处理消费者投诉的原则

（1）不扩大事态。消费者投诉的动机，一方面是为了促使经营者改进工作，另一方面是为了得到某种形式的补偿。投诉的形式各不相同，有委婉的，有平和的，也有言辞激烈的。但不管什么样的投诉，一个重要处理原则是不扩大事态，不激化矛盾。

（2）依照国家有关法规来解决问题。处理投诉必须以事实为依据，以有关法规为准绳，有理有节地进行，这样即使矛盾激化或诉诸法律，经营者在法律面前也会得到合理的处理。

（3）兼顾经营者、消费者、服务人员三方面的利益。经营者、消费者、服务人员围绕服务产品发生关系。经营者的宗旨是为消费者提供优质的服务产品，并在平等交易的过程中得到相应的经济利益；服务人员是受经营者委派而直接提供服务的操作者；消费者是购买适宜的服务产品的。如果过分强调某一方面的利益，就可能伤害另一方或几方面的利益。因此，在具体处理投诉时，应该了解事实，依据有关规定，合理合法地进行，要兼顾经营者、消费者、服务人员三方面的利益。

3.处理消费者投诉的方法

（1）明确角色，摆正关系。一般情况下，消费者提出投诉是有原因的，经营者和服务人员都应当把处理投诉当成改进工作的契机，摆正服务与被服务的关系，自觉站在消费者的角度，换位思考。要宽容大度，能忍受暂时的委屈，对能够改进的要立即改进，对暂时无法解决的，也应当委婉地向消费者说明、解释。

（2）态度诚恳，虚心接受。面对消费者的投诉，首先应该以诚恳的态度，虚心接受，对于给消费者造成损失的，还要道歉或赔偿。要尽量本着"大事化小，小事化了"的原则来处理消费者投诉。如遇到情绪激烈的消费者，则应先设法稳定其情绪，可以先请他离开事发现场，防止事态扩大。切不可态度冷漠，更不可让消费者难堪。在处理投诉的过程中，不能由于投诉与自己无直接关系，或不在自己的服务范围时，就把问题推给上司或他人。

（3）区别对待不同情况。对于具体的投诉意见，应在了解事实的基础上具体分析，采取有针对性的措施，这是处理投诉的有效方法。有代表性的投诉处理方法有以下几点。①对于建设性意见的处理。应先向消费者表示感谢，并对给消费者带来的不便表示歉意，然后将这些意见如实反映给决策层，对于能够马上改进的，要尽快答复消费者。②对于希望得到尊重的投诉的处理。这类投诉的消费者自尊心比较强，应由管理人员向消费者致歉意，以提高消费者地位，让消费者得到心理满足。要掌握把"对"让给消费者的艺术，给致歉的消费者一份安慰，给吵闹的消费者一点面子，给错了的消费者一个台阶，给并无恶意的消费者一点体谅。③对于要求得到补偿的投诉处理。应根据实际情况和责任大小对消费者给予适当的补偿，如果情况严重，应逐级上报，由领导层出面处理。对于消费者经济补偿的处理权限在管理层，普通服务人员无权作出决定。④对于极不理智或恶意违反规定的消费者投诉的处理。这类投诉所占比例虽然很小，但处理起来却很麻烦，要十分谨慎。可依据法律法规和有关规定，通过"摆事实，讲道理"的方法，有理有据地解决问题。

第五章　公共休闲体育与城市发展

第一节　公共休闲体育的基本认知

公共休闲体育是指人们在余暇的时间里，在自由的环境和条件下，为了丰富生活、增进健康、调节精神而自愿进行的放松身心的各类体育活动，内容选择以个人爱好为前提，如游戏、球类活动、郊游、垂钓、登山等。参加公共休闲体育运动可以寻求生理和心理上的放松，运动强度不大，令人轻松愉悦，具有安抚身心、消除疲劳的功效。公共休闲体育强调的是心情的放松、身体的舒适、情感的释放，从而获得身心的满足。[1]

一、公共休闲体育的特征

（一）自然规律性

众所周知，人的生命活动不外乎内部活动和外部活动两种。内部活动指的是生理、生化活动，即物质与能量不断消散的过程。无论我们愿意与否，这一过程总是在人的有机体内发生和进行着。要维持生命结构的存在，一方面要不断地促使消散过程的积极进行，另一方面则需要通过与外界进行物质交换以补偿已经消散的能量。而这两个方面的活动都必须借助于有机体的外部活动，它们构成了摄入与排泄及身体运动这些基本需求的本源。我们知道了这一点，就不难理解为什么人们会选择大量涉及身体运动的游戏和娱乐方式了。作为生命必然会遵循生命运动的基本轨迹，保留了生命体本能的需求和活动方式，只是人的这些本能需求在个体的社会化进程中被特定的方式所制约，从而以社会人的特有方式来满足这些需求。

---

[1]　肖洪凡,刘晓蕾.休闲体育课程建构理论与实践研究[M].石家庄:河北人民出版社,2019:12-19.

（二）社会参与性

公共休闲体育是一种实践性极强的社会活动，它需要人们亲身参与，在活动的过程中体验和获得某种感受，或者通过自身活动的结果来表达自己的观念和想法。没有自身的参与就无法得到那种所期望的感受，也不能完整地表达自己。事实上，公共休闲体育所能够实现的各种功能和作用，确实都是在活动过程中体现出来的。

（三）流行传播性

公共休闲体育的流行性主要从活动项目的迅速风靡于世而后又悄然消失表现出来。一种体育活动经常会在很短的时间里在一个地方流行起来，成为人们在休闲时间里十分热衷的活动。当然，如同其他具有流行性的事物一样，一种体育活动也可能在风靡一时后又很快地销声匿迹，取而代之的是另一个让人愉快接受的新的体育项目。

事实上，公共休闲体育的这种流行性特征完全是由人的自由时间和人性特点所决定的。当人们拥有了自由时间之后，如何支配和打发这些时间便成了人们面临的一个问题，体育活动既有利于身心健康，又有助于打发时间，自然会成为人们主要的选择。然而，人们对活动的选择又是相互影响的，体育项目的流行机制之一就是这种相互影响作用。另外，人们求新求异的意识则是他们不断地放弃旧活动、追求新活动的动因所在，这也是一个体育项目很快地流行起来而后又逐渐消失的原因。当然，周而复始是社会事物发展的一种具有规律性的特征，公共休闲体育也是一样，可能过了一段时间后，一个曾经流行而后又消失的体育项目又会再次流行起来，并且被另外的一代人广泛地接受。

（四）时代发展性

公共休闲体育总是在一定历史阶段、一定文化背景下产生并发展起来的。在不同的历史时期，存在着不同的物质文明和精神文明，因而会产生不同的休闲活动方式，体育休闲活动也是应时代的要求和进步而演变和发展起来的。考察历史的发展进程可以发现，无论在什么样的时代，体育活动总是能现身于社会中，成为民众乐于接受和参与的休闲活动方式。当然，公共休闲体育活动毕竟是社会文明的表现形式，在许多情况下与社会科学技术的发展水平密切相关。我们看到，21世纪流行的公共休闲体育活动与20世纪初相比有了极大的变化，今天的公共休闲体育活动往往是与科学技术和材料革命的结合，而过去的活动可能更倾向于身体的自然活动，比如当时流行的户外运动。

（五）不同层次性

（1）活动人群的年龄层次。少年儿童对一些新奇的个人活动，如滑板、轮滑、小轮自行车等感兴趣；青年人则爱好有一定挑战性和对抗性的活动，如足球、篮球、网球等；中年人倾向于活动的品位和档次；而老年人则喜欢交流互动性强的活动。通常，年龄因素是体育休闲活动分层主要的，有时甚至是决定性的因素。

（2）活动内容的难易层次。内容的难度是完成活动所要求的技术标准高低问题，这是一些人选择体育休闲活动方式的依据。这种选择主要取决于活动者对自己运动能力的评价，个人运动能力较强者通常会选择一些技术动作难度较大的项目，而个人运动能力自我评价不高者更愿意选择那些无需多大努力就可以完成的活动项目。

（3）活动方式的经济消费水平层次。活动方式的经济消费水平是一种具有明显的社会性特征的分层，与个人的社会身份和阶层的特征密切联系在一起。有些体育休闲活动方式明显属于高消费活动，参与者通常须拥有相当的财力；而另外有一些体育休闲活动方式则可能对个人情况有一定的要求，既能显示个人身份，也能表现个人的运动能力；也有很多人更愿意选择那些不需要多少开销就能开心愉快地活动的项目，他们没有太多的钱花费在休闲活动中，因此他们也不在乎自己进行的体育休闲活动被别人视为哪个层次。

许多形式的消费在刚开始时是奢侈消费，但随着社会的发展，这些形式慢慢地大众化而逐渐成为必要消费的一部分。公共休闲体育同样也是这样的一种演化趋势，许多项目在开始时总是少数人参与的活动，如保龄球兴起初期在中国几乎是白领的运动，能否玩得起首先取决于是否具有一定的经济实力。随着国内保龄球馆的增多，价格的大幅度下调，这种活动开始大众化，其原先所具有的社会区分作用也就在大众化的过程中逐渐丧失，成为一般性的休闲活动。

除此之外，公共休闲体育还有个体选择性、竞赛性不强、以有氧运动为主，以及有自主性、高度娱乐性、锻炼效果实效性、很强的社会性等特征。其最大的特点是活动主体的自由选择性、活动内容和形式的多样性，以及活动效用的综合性。

二、公共休闲体育的分类

可用于休闲的体育活动丰富多彩。从经费投入来看，既有对场地和经费投入要求不高的传统体育活动，如武术、气功、散步、跑步、徒手体操等；也有需要一些专门场地和设施及一定投入的现代体育活动，如网球、游泳、家庭器械健身等；还有对场地、设施、投入要求都很高的新潮体育活动，如高尔夫球、保龄球、赛车、摩托艇、攀岩、热气球、滑翔翼等。从活动所依托的背景来分类，主要有三个方面：陆域——以山林野外为背景的登山、攀岩、定向徒步越野、郊游、山地自行车运动、野外旅行、探险、滑雪、滑冰、雪上摩托等；水域——划船、赛艇、帆板、水上摩托、潜水、冲浪、滑水、钓鱼、游泳、木筏漂流等；空域——滑翔、跳伞、热气球等。

（一）依据身体能力分类

1.体能类运动

（1）耐力型运动。主要体验长时间与自然环境尤其是超常自然环境融为一体的超常感觉，展现人体适应各种超常环境的能力，如远足、长距离或超长距离自行车和摩托车旅行探险、划船、登山、沙漠探险、极地探险、越野滑雪等。

（2）速度型运动。主要体验在超常规速度条件下运动所特有的速度感和愉悦感，接受特殊速度下的情感和生理刺激，如速度滑冰、卡丁车、摩托车、摩托艇、高山速降滑雪、冰橇、过山车、蹦极、悬崖跳水、高空弹射等。

2.技能类运动

（1）对抗型运动

①隔网对抗型运动：运动场地上所设置的拦网将参与休闲的徒手或持器械的运动者分为两方进行隔网对抗，如沙滩排球、软式网球、网式足球、羽毛球等。

②同场对抗型运动：各为一方的公共休闲体育娱乐活动参与者在同一场地追逐争夺，力争将球投入或射入特定区域或目标、对方特定区域或目标，如3人制篮球、室内足球、壁球、高尔夫球、木球、门球、桌球等。

③格斗对抗型运动：以参与运动的对手身体为进攻对象进行双人格斗，如拳击、柔道、太极推手、跆拳道等。

（2）表现型运动

①准确型运动：以准确击中既定目标而展现掌握精确技术的能力，如定点跳伞、射击、射箭、掷飞镖、弹弓等。

②难美型运动：以高难度动作展现人体美、运动美，如跳水、高空跳伞、花样游泳、花样滑冰、冰上舞蹈、健美操、有氧操、街舞等。

（二）依据身体状态分类

1.观赏性活动

观赏性活动主要指观赏（间接参与）各种体育竞赛和公共休闲体育娱乐表演，在间接参与过程中表现出赞赏、激动、惊叹、沮丧、愤怒、失望等情绪，使心理压力得到释放，同时学习体育知识，欣赏体育运动的艺术魅力的活动。

2.相对安静状态活动

相对安静状态活动主要指参与者身体活动较少而脑力支出大的棋牌类休闲活动。进行棋牌活动可以形成参与者配合默契、心领神会或智勇双全、胸怀全局的心理素质和心理特征。而且为适合棋牌用时较长的特点，参与者还需要经常锻炼以保持良好状态。因此，棋牌等相对安静状态的活动既能健脑，又能健体。

3.运动性活动

（1）眩晕类活动。眩晕类活动主要是借助特定运动设备使参与者获得平时难以体验到的空间运动感觉，感受生理与心理上的极限刺激，如过山车、蹦极和悬崖跳水等。

（2）命中类运动。这类运动主要是运用自身技巧和能力，借助特定器械击中目标，如射击、射箭、保龄球和桌球等。

（3）冒险类运动。冒险类运动指的是参与者对自然的挑战性休闲活动，如各种漂流，沙漠极地探险，飞越黄河、长城和横渡海峡、湖泊等。

（4）户外类运动。指人类回归自然的各种休闲活动，如野营、登山、远足、定向越野和攀岩等。

（5）技巧类运动。指的是参与者把自身运动能力和特定设备有机结合并融为一体的展示高度技艺、技巧的运动，如花样滑板、小轮自行车、溜旱冰和轮滑等。

（6）游戏竞赛类运动。指的是竞技项目简化或游戏化后形成的公共休闲体育娱乐竞赛活动，如沙滩排球、街头3人篮球、室内足球和网式足球等。

（7）水上、冰雪类运动。这类运动主要包括游泳、跳水、滑水、滑雪、雪橇和滑冰等运动。

（三）依据记分方法分类

（1）命中类运动。以击中特定区域或目标、对方特定区域或目标决定胜负的运动，如3人制篮球、室内足球、射击、射箭等。

（2）得分类运动。以既定回合得分决定胜负的运动，如沙滩排球、软式网球、羽毛球、乒乓球等。

（3）评分类运动。以参与者动作表演性、难美性、技巧性等得分决定胜负的运动，如跳水、高空跳伞、花样游泳、滑水、花样滑冰、冰上舞蹈、健美操、有氧操等。

（4）测量类运动。以高度、远度或通过规定距离所需时间的测量决定胜负的运动，如速度滑冰、卡丁车、摩托车、摩托艇、高山速降滑雪、冰橇等。

（5）制胜类运动。以参与者的绝对获胜或在无法决定绝对获胜条件下的评分决定胜负的运动，如拳击、柔道、太极推手、跆拳道等。

（四）依据动力源分类

（1）动力类运动。人和器械进行运动主要依靠动力进行的，如摩托车、卡丁车、高空弹射、摩托艇、动力滑翔伞等。

（2）无动力类运动。人和器械进行运动主要依靠人力进行的，如远足、登山、跑步、大部分球类项目、滑冰、越野滑雪、健美操、有氧操等。

（3）自然类运动。人和器械进行运动主要依靠自然力进行的，如蹦极、悬崖跳水、放风筝等。

（4）半自然类运动。人和器械进行运动主要依靠自然和人力的结合进行，如高山速降滑雪、高台跳雪、滑翔机、滑翔伞、高崆跳伞、过山车、漂流等。

三、公共休闲体育的价值

（一）文化价值

1.推动社会经济发展

公共休闲体育的文化价值在体育休闲活动中具有十分重要的作用。它充分展示了公共休闲体育本身所具有的休闲、娱乐、健身等价值,帮助人们认识公共休闲体育在提高人们生活质量中的地位。这种文化观念的改变,成为引导和改变人们传统体育意识的重要因素,进而引导人们积极参与公共休闲体育消费,客观上推动了体育经济的发展,扩大了公共休闲体育及其相关产品的市场份额,促进规模经济的形成,从而推动社会经济的发展。

2.推动社会文明进步

公共休闲体育是一种多元文化的集合,是一定时代、一定文化背景下的具体实践活动,既反映了该时代一定的民族文化价值观,也反映了世界各族文化的交融,对推动世界文化交流起着积极的作用。从一定意义上讲,公共休闲体育活动的实践就是一个舞台,人们多姿多彩的表现,就是不同思想文化的碰撞和展示,通过这个舞台可以反映参与者精神文化的修养内涵及其程度。同时,在共同的体育休闲活动中,参与者的思想文化修养可以相互影响,大家可以学习和借鉴他人的长处,提高自身的思想文化修养水平,从而促进社会的文明进步。

(二)经济价值

1.积累国家建设资金

公共休闲体育业同其他第三产业一样,对一个国家来说,同样可以起到加速货币的回笼速度,增加货币回笼数量的作用,进而达到防止通货膨胀、稳定市场、积累建设资金的目的。公共休闲体育经济活动通过消费者直接参加公共休闲体育活动来进行消费,进行公共休闲体育活动需配套相关的设备,这些设备的出售或出租,在满足了消费者需要的同时也获得了收益,并且通过提供相关的指导、咨询和服务也能获得收益。这不仅回笼了货币,而且从盈利中以交纳税金的方式为国家积累了建设资金。[1]

2.提供就业机会

从公共休闲体育活动所涉及的诸多因素看,公共休闲体育业是一种既具服务性又具生产性的综合性产业,公共休闲体育活动的发展必然带动为公共休闲体育业提供服务的各行各业的发展,这自然就会为社会提供大量的就业机会。

---

[1] 郑锋,尹碧昌,胡雅静.新时代休闲体育的价值意蕴与实践理路[J].西安体育学院学报,2021,38(03):322-326.

3.改善经济产业结构

第三产业的迅速崛起是生产力发展的必然，也是社会发展的标志。一个国家经济越发达，第三产业在国民经济中所占比重就越大。公共休闲体育业是典型的第三产业，它能促进其他相关第三产业的发展，在优化产业结构方面起着积极作用。

（三）生理价值

1.减少疾病的发生

随着现代化进程的加快，人类开始从繁重的体力劳动中解脱出来，而由于运动不足所产生的各种"文明病"开始威胁着人类。据有关资料统计，长期坚持进行适宜的公共休闲体育活动，可以增加血胆固醇的含量。血液中高密度脂蛋白胆固醇（简称HDL-C）能把沉积在动脉壁上的胆固醇运送到肝脏进行代谢，从而减慢主动脉粥样硬化斑块的形成与发展，防止疾病的发生，同时还可以增强机体对各种复杂多变环境的适应能力和抵抗力，消除现代"文明病"对机体的侵蚀。

2.延缓衰老

适宜的公共休闲体育活动是保持健康、延缓衰老的有效措施之一。随着年龄的增长，人体逐渐出现各种老化现象，特别是40岁以后各种疾病极易发生。有学者对长期参加休闲性跑步的40名中老年人进行研究后发现，他们的发病率很低，心肺退行性变化普遍推迟10～20年。坚持适宜的长跑，改善了心肺功能，增强了肌肉组织力量，促进骨质钙化，加强了关节韧性，调节了精神。

3.提高免疫功能

人体的免疫功能分为非特异性免疫和特异性免疫两大类，它在人体的生理系统中起着三大作用，分别是生理防御、自身稳定、免疫监视。生理防御是指人体对外来的病毒、细菌、真菌等生物致病因素及其他有害物质的识别、抵抗直到消灭的功能；自身稳定是指维持机体内环境的稳定和个体特异性，如对自身组织的调节和衰老细胞的清扫、对异体组织的排斥。

因此，免疫功能对增强人类体质、提升抗病能力、降低恶性肿瘤诱发的概率起着举足轻重的作用。长期适宜的公共休闲体育活动，不仅可以使人在活动中愉悦身心、交流思想，而且可以增强机体的免疫功能。

(四)社会心理价值

1.形成积极的社会态度

参与公共休闲体育活动既可以提高人的认知能力,又能提高人的情绪智力。认知活动主要是依靠大脑高级神经中枢进行的。积极参加公共休闲体育活动,不仅可以使疲劳的神经细胞得到休息,消除大脑的紧张状态,而且还能促进神经系统的新陈代谢,提高神经系统的活动能力,使大脑更加健康和灵活。人的情绪智力主要包括认识自己情绪的能力、妥善管理自己情绪的能力、自我激励的能力、认识他人情绪的能力、人际关系的管理能力五个方面。在参与公共休闲体育活动的过程中,人们不仅可以丰富自己的情绪来获得情感的体验,而且能提高自己对情绪、情感的认识和控制能力,还能充分认识他人的情绪、情感表现,建立和保持与他人的良好人际关系。使个体认知能力和情绪智力得到提高,有助于加快个体的"社会化"和自我意识的形成,有助于提高个体的社会认知能力,促进个体的积极良好社会态度的形成。

2.构建良好的人际交往

参与公共休闲体育活动,增加了人与人直接接触的机会,扩大了人际交往的范围。活动过程中相互间的某些相似特征、互补作用、能力体现、空间上的邻近与熟悉等,均可促进人与人之间的相互吸引。现实生活中,人与人之间需要传递信息、沟通思想、交流情感,也就是心理沟通,但某些因素会造成人际沟通上的障碍,如地位、组织结构、文化等。公共休闲体育活动可以使参与者之间不再有地位、职业、年龄、文化背景等的差别,它能够消除各种沟通障碍,有利于人与人之间感情的建立。在公共休闲体育活动中人们得到信息、感情、思想的交流和沟通,同时也得到他人的支持和帮助,进而引起自己思想、情绪和行为的积极变化,促使人们产生协作思想、利他行为,也能抑制人们的侵犯行为。

四、公共休闲体育的功能

(一)个人发展功能

人们参与公共休闲体育活动,实际上是扩大个人对周围的兴趣范围,它的前提是积极寻找一切能够帮助生理和智力发展的活动。事实上,人们很少甚至不可能在工作中发掘自己所有的潜力和兴趣。无论何种工作,总是会将个性缩小,它只发展某些方面,并且不可避免地包含个人贫乏的方面。休闲在其发展功能中能表现出个人内心深处的多种个性特征,以避免线性生活方式所引起的生理或智力的衰退。因此,休闲鼓励每个人寻找相对职业生涯而言具有最佳意义的业余爱好。业余爱好者,就是在某些非职业活动中找到自己个性补充发展机会的人。同样,公共休闲体育不仅对个人的智力和文化予以补充,对于个体赖以存在的有机体也有着不可替代的作用。从现代的观念和意识来看,个人的发展应该是全方位的发展,而身体的发展则是一切发展的基础。公共休闲体育有健身和塑身等作用,这不仅满足了人们健康长寿的需求,也能够使追求外在身体美的社会需要得以满足。

(二)社会化功能

在现代社会中,特别是在全球化趋势日渐形成的当今时代,人们对社会的依存性使其不能脱离社会而存在。由于社会文明的飞跃发展,人们需要,也必须不断地从多方面适应自己生活的社会环境。

两人以上的协同活动是体育项目的主要活动形式之一,在这种协同活动过程中必然会形成人际交往,而人的社会化就是在与他人不断交往中完成的。在公共休闲体育的情景中,人与人之间的交往是建立在同一个平台上的,平等的交流使人更加容易形成协调的关系,也使交流的各方彼此容纳和接受,从而影响人的思想和行动。另外,公共休闲体育的发展是社会文明进步的重要表现形式之一,社会化的过程就是不断地适应时代变化的过程,通过公共休闲体育活动,可以使人不断地触摸社会发展的脉搏。

(三)社会象征功能

在现代社会,休闲方式具有极强的象征功能。公共休闲体育活动中某些活动项目往往在社会上被认为是高雅的、有教养的、上层的人才会参与的活动,这些活动通常需要得体的服饰、精良的装备及具有表现力的活动方式等。比如高尔夫,时至今日,这项活动依然有专属于社会上层人士的公共休闲体育活动的趋向。但在现代社会中,随着社会经济文化的发展,体育亦将更加大众化,能够体现个人社会地位差异的项目依然存在,但数量上明显减少。当然,这种变化并没有弱化公共休闲体育的象征功能,只是象征的内容发生了改变。在当今这个崇尚个人独特性发展或者说个性解放的时代,象征性并不一定只是表现个人的社会层次，特别是对于青年人来讲，以各种体育活动来表达自己的个性特点，似乎成为现代社会的一种风气。

（四）社会人群组织功能

公共休闲体育活动的多样化特点，使其能够满足因不同动机而参加休闲活动的人们的各种需求。公共休闲体育活动的方式方法特别多，从无需什么设备、高规格场地设施、专门性技术、技巧的项目，到个人独自操作及多人共同参与的形式应有尽有。无论什么社会阶层、社会职业，什么性别和年龄的人，都能够从众多的公共休闲体育活动中选择一两项既符合自己的社会地位又适宜自己能力的活动来满足自己的需求。事实上，在经济发达的国家中出现了许多以某种休闲方式为基础的亚文化群体，这些群体中的每一位成员都是某项运动的业余爱好者，如滑翔、潜水、冲浪、攀岩爱好者等。他们把大量的休闲时间都花在自己所喜爱的运动活动之中，他们使用自己所属群体的专用术语，他们的服装穿着、行为举止都表现出该群体的特征，换言之，这样的群体有着自己独有的文化特征。这样的亚文化群体的存在和发展，使社会文化由一个单一的主体文化逐渐向着复杂的多样性的新文化体系转变，由此导致了新的文化观、价值观、人生观及各种各样的观念产生，社会也就变得更加五彩缤纷。[1]

第二节 公共休闲体育的类别及其内容

一、中华民族传统休闲运动

（一）太极拳

太极拳作为中国传统拳术的一种，其文化源远流长、博大精深，是中华传统文化中的瑰宝。长期以来，太极拳因其强身、防身、修身、养性等功能在民间广泛流传。

为了更为广泛地推广太极拳，1956年国家体委组织了多位太极拳专家，在杨式太极拳基础上，集体创编了简化二十四式太极拳，有力地推动了太极拳的普及，促进了太极拳成为大众健身的重要项目。

太极拳本身就具有良好的健身作用，对外可以强筋骨、壮体魄，对内可以

---

[1] 聂正明, 刘云龙.健康中国目标下社区公共体育服务体系构建研究[J].体育风尚, 2021(07)：3-4.

通经脉、调气血，可改善人体机能，适宜多个年龄层次的人群锻炼，可谓老少皆宜。太极拳不仅广泛地流传于中国，而且已迅速地传播到海外。据不完全统计，太极拳已传播到了150多个国家和地区，有的国家练习太极拳的人数还相当多。

（二）民族式摔跤

摔跤是中国少数民族十分喜爱的民族传统公共休闲体育运动，具有悠久的历史。在中国，蒙古族、维吾尔族、藏族的摔跤尤为著名。

1.搏克

搏克又称"蒙古式摔跤"。蒙古族摔跤的历史较为久远，西汉初期，蒙古族摔跤即具有很强的军事体育性质。到了元朝，帝王十分提倡摔跤运动，每逢重要宴会都会有摔跤竞技助兴。到清朝时，蒙古族摔跤得到空前发展。

搏克对场地无特殊要求，有一块平坦草地或土质地面即可举行。比赛规则简单明了，不限时间，参赛者也不分体重，膝盖以上任何部位着地即为输。搏克运动要求选手腰、腿部动作协调配合，在对抗中充分显示自己的力量和技巧。团体比赛采用3人轮换制或点将制（不得少于5人，均为奇数），个人赛是以个人在预赛、决赛中的成绩确定个人名次的比赛；预赛每场时间为9 min，决赛时间为5 min；团体赛是以每队在团体赛中的成绩确定名次的比赛，每局时间为15 min。这项运动多在"那达慕"大会上举行，数百上千的人观看选手龙争虎斗，场面蔚为壮观。

2.且里西

且里西又称"维吾尔族摔跤"，这项运动多在"古尔邦节""肉孜节"上举行。

按照当地的风俗习惯，摔跤一般在松软的土地上举行，不分体重，无统一服装要求，无时间限制。比赛选手各在腰间扎一根粗腰带作为对方的抓手，裁判宣布比赛开始后，双方可以使用绊、切、拉、抱等比赛技巧，以双方膝关节以上部位着地为裁判胜负的依据，一般采用三局两胜制，连胜五人即为胜者。

3.北嘎

北嘎又称"藏式摔跤"，早在松赞干布年间即已盛行，分为固定式、自由式、背抵式和马上摔跤四种形式。

比赛场地一般选择较平坦、松软的草地或田地（也可用摔跤垫）。比赛采用方形或圆形场地均可，方形场地为边长14 m的正方形，圆形场地半径为7 m，场地各线宽均为10 cm。比赛时，运动员必须双手抓好对方腰带（可一手在前，一手在后，或双手在对方背后握抱），仅靠腰臂之力提起对方将其旋转摔倒或蹬踹对方。比赛中一方运动员肩、背、腰、臀、髋、头、体侧任何一个部位着地即为负，对方即胜一局。比赛采用三局两胜制，胜一局得1分，根据得分，确定一场比赛的胜负。比赛分为个人赛与团体赛。个人比赛以个人在所属级别内竞赛所得的成绩确定个人名次，团体比赛以每个团体所有被录取名次的运动员的成绩总和确定团体名次。比赛采用循环制或淘汰制。运动员年龄不受限制，按体重分为五个级别，分别为52 kg级、57 kg级、62 kg级、74 kg级和90 kg级。每场比赛三局，比赛时间为每局净摔3 min，中间休息1 min，每局中一方胜一跤即停止比赛，获胜者即胜一局。[1]

二、一般户外休闲运动

（一）定向运动

定向运动指的是参与者利用定向地图和指北针，按照规则规定的顺序和方式，自行选择路线到达地图上所标示的各个目标点，以在最短时间内到达所有目标点的参与者为胜。一般都会选在野外森林进行，也可以在城市的郊外、环境优美的公园及规模较大的大学校园等场所进行。

定向运动开展的类型有许多种，比如定向越野、接力定向、滑雪定向、山地车定向、轮椅定向、夜间定向、公园定向等。其中定向越野是定向运动中开展得最为广泛的。

定向越野运动是众多定向运动中组织方法相对简单的一项运动，又被称为"徒步定向"。它主要考察的是参赛者识图用图、野外选择路线和奔跑的能力，男女老少可以同场竞技，是一项适合每个人的运动。定向越野运动在判定比赛成绩的方法上面也比较灵活多变，可以个人跑计个人成绩、个人跑计团体成绩或者个人跑计个人与团体成绩。下面简要介绍一下定向越野比赛规则内容。

（1）竞赛路线的设计。竞赛路线的设计要充分体现公正比赛和定向运动的性质，同时还要考验运动员识图和奔跑两种技能。寻找检查点的顺序必须按规定

---

[1] 肖洪凡,刘晓蕾.休闲体育课程建构理论与实践研究[M].石家庄：河北人民出版社,2019:31-48.

顺序依次进行，在比赛现场的起点、运动途中和终点都安排了裁判和工作人员随时对参赛者进行监督，运动员应遵守该规定。

路线在地图上的表示：起点用等边三角形表示（边长7 mm），检查点用圆圈表示（直径5～6 mm），一般最后一个检查点至终点为必经路线，必经路线用虚线表示。三角形或圆圈的中心表示某地物的准确位置，但中心不必绘出。检查点按规定顺序注记编号，编号数字不压盖图上的重要目标。除必经路线外，起点到检查点及检查点之间按编号顺序用直线连接，遇有重要目标又不能避开时，连线应断开或画得更细些。竞赛路线、起点、检查点、终点符号、检查点编号一律用红紫色套印或标绘。

（2）检查点说明。①检查点说明的作用是具体描述地图上标示的检查点位置，用专门的符号表示。②检查点说明表在比赛出发前随地图一同发给运动员。③比赛使用国际定联制定的检查点说明符号。

（3）检查点标志。每个检查点应安放检查点标志（简称点标）。检查点标志由三面标志旗连接成三棱体，每面标志旗的尺寸为30 cm×30 cm，沿正方形的对角线分开，左上部为白色，右下部为橙红色。检查点标志应悬挂在图上标明的地点，一般距地面50～100 cm，实际位置应与检查点说明表一致。检查点标志上有代号，代号用英文字母或两位数字表示，颜色为黑色。检查点标志的设置使运动员在寻找时具有一定的难度，但无须隐藏。每个检查点备有打卡器，打卡器上用阿拉伯数字进行注册，并指示运动员确认点标是否正确。

（4）出发顺序的编排。运动员的出发顺序由计算机排序软件在比赛当天自动生成，出发时间表在赛前公布。

（5）出发。出发意味着计时开始。运动员应分批次出发，每批次出发间隔时间为2 min。运动员在出发点领取各自的地图。起点处悬挂起点横幅，上标START字样。除有关裁判人员，任何人不得进入运动员预备区。如果由于主办者的原因导致运动员错过了出发时间，则应重新给定一个出发时间。

（6）终点计时及名次排列。通向终点的跑道应用两条带彩旗的绳子引导，并向终点线逐渐收拢，绳长50～100 m。终点线宽3 m，并与终点跑道方向垂直。终点横幅上标FINISH字样，设置在终点线的正上方，使运动员在远处就能看见终点线的位置。通过终点线后，运动员应主动上交地图和号码布。通过终点的运动员，不得再进入竞赛区。终点计时以裁判员计时为准。依据运动员完成全赛程所用时间排列名次，时间短者为胜，如有两名以上的运动员所用时间相同，他们的名次并列，并空出下一名次，在成绩单上排在同一位置，但姓名的前后顺序按出发表的顺序排列。团体成绩以各队参赛选手的成绩相加评定。如运动员漏找或找错检查点，则运动员的成绩无效。另外，终点处设置有医疗站。

（7）裁判机构及方法。裁判委员会由总裁判长、副总裁判长和各组裁判长组成，裁判委员会直接领导竞赛工作，负责竞赛实施和确定竞赛成绩，并监督领队、教练员、运动员遵守竞赛规则。根据竞赛具体情况，在不违背竞赛规则的原则下，赛前可制订有关规定及提出注意事项。竞赛前协同有关部门检查场地及竞赛用品，进行裁判人员的分工和训练，做好竞赛的技术准备。

（8）裁判职能机构及人数。总裁判长1人，副总裁判长2人。起点裁判组：裁判长1人，裁判员若干人。检查点裁判组：裁判长1人，裁判员若干人。终点裁判组：裁判长1人，裁判员若干人。裁判员的人数视竞赛规模酌定，裁判员应严格履行《裁判员守则》，严肃、认真、公正、准确地执行裁判法。下面对各裁判组职责做简要介绍。

①起点裁判组。竞赛前组织抽签，排列出运动员出发顺序表。备齐打卡器、地图等竞赛用品，并负责起点地区的场地布置、区域划分。运动员进入预备区后，负责点名、宣布竞赛规定及注意事项。组织运动员出发，维护起点秩序，适时传呼运动员，分发地图，负责发令和监督犯规行为。

②检查点裁判组。准备检查点标志、通信工具等器材，并按路线设计图准确布点。视情况在检查点附近隐蔽设置检查点裁判员，监督犯规行为，并保护检查点标志不被破坏，必要时还可设巡回裁判员。及时与指挥台联络，报告竞赛进展情况及发生或发现的问题，保证竞赛顺利进行。终点关闭后，组织检查点裁判员撤回，并清点器材，收容迷路、退赛、超时或受伤的运动员。检查点裁判员不得穿着色彩鲜艳的服装，裁判员不得在竞赛方面给予运动员任何帮助或暗示。

③终点裁判组：备齐终点所需的各类竞赛器材，布置终点场地，维持终点秩序。准确记录运动员通过终点线的时间，验证运动员是否经过规定的检查点。收集运动员犯规情况，提出处理意见，报总裁判长裁决。负责竞赛成绩的统计和公布。回收地图和运动员的号码布。宣布终点关闭，通过指挥台通知检查点裁判

组，清点终点器材。

（二）马术运动

1.障碍赛

障碍赛考验马匹的速度和动作的准确性，要求马匹在规定的时间内按顺序跨越12~15个水池、模拟石墙或横杆等障碍。每个障碍最高不高于1.6 m，在跨越过程中碰倒障碍、拒绝跨越、摔倒、顺序出错或者超时都将被扣分。规定障碍全部跳完后，必须通过终点标志杆，比赛成绩方可有效。最终罚分少、时间快者为胜出者。

障碍赛分三天进行，首日75名选手和马匹进行个人资格赛。第二天的比赛分两轮，产生团体障碍赛的名次和进入个人决赛的选手。第一轮中来自15个协会的最多4名、最少3名选手和马匹参加团体赛的角逐，另有15名选手和马匹参加个人赛的角逐。第二轮，首轮过关的10队进入团体决赛，闯过首轮的另外35人进行个人赛。第三天也分两轮，首轮从第二天闯关的45名骑师和马匹再赛一轮产生20名决赛选手和马匹，第二轮决出个人障碍赛的金牌。奥运会有个人（1900年列入）和团体（1912年列入）两个项目。

2.盛装舞步骑术赛

盛装舞步被形容为马的芭蕾表演。选手在60 m×20 m的场地里进行三轮比赛，通过马匹在规定时间内做出行进、疾走和慢跑等规定动作来展现马匹和骑手的协调性、马匹的灵活性及马匹的驯服程度，力求给裁判和观众留下马匹完全是在自己的意志下完成动作的印象。

首轮比赛分两天进行，将决出盛装舞步团体赛的名次和首批25个进入第二轮的名额。第二轮难度增加、时间缩短，将产生15个进入第三轮的选手和马匹。第三轮是自选动作，骑手和马匹可以在音乐的伴奏下做出各种动作，以骑手和马匹的技术及马匹的艺术表现力来决定最终的名次。花样骑术的个人赛于1912年被列入奥运会比赛项目，团体赛于1928年被列入奥运会比赛项目。

3.三日赛

三日赛主要测验骑手与马匹的综合能力。三日赛，顾名思义比赛分三天进行，骑手必须骑同一匹马。第一天进行盛装舞步的比赛，包括步伐和步幅姿态等，规则与单项盛装舞步赛相同，但是三日赛中的盛装舞步要比单独的盛装舞步简单得多。第二天进行速度、耐力和越野能力比赛，即越野赛。越野赛全程由四个区间组成，骑手必须在规定的时间内到达终点，根据所用的时间长短来评定名次。第一区间和第三区间均为20 km，要求骑手速度为平均每分钟240 m；第二区间为越野障碍赛，赛程为3 600～4 200 m，其中每1 000 m设置3个篱栅式障碍，要求速度为平均每分钟600 m；第四区间为越野赛，赛程为8 000 m，其中每1 000 m设置4个不同的障碍物，要求速度为平均每分钟450 m。根据骑手失误罚分和超时限罚分来评定这四个区间的总成绩。第三天进行的是场地障碍赛，内容基本上和场地障碍赛的单项比赛相同，只是难度要小一些。场地障碍赛主要测验马匹的体能和顺从程度，沿途设置10～12个障碍，要求速度为平均每分钟400 m，其中必须有三分之一达到最高限的障碍和一个水沟障碍。裁判员根据骑手失误罚分和超时限罚分来评定成绩，以三项总分评定名次。三日赛分个人和团体两项，1912年被列入奥运会比赛项目。三日赛是奥运会马术比赛中最艰苦的也是最考验骑手与马匹的比赛项目，比赛中充满了危险和刺激，是奥运会马术比赛中技术含量最高的项目。

三、极限休闲运动

极限休闲运动是参与者借助现代高科技手段和体育运动方式演绎而成的独特运动，它的运动形式能最大限度地发挥自身潜能及挑战自身的极限，可充分实现自我的价值。

（一）攀岩运动

1.概况

攀岩运动是从登山运动中衍生出来的一种新型休闲体育项目，它起源于18世纪末期的"阿尔卑斯运动"，也就是登山运动。20世纪50年代的欧洲，攀岩运动作为一个单独的体育项目从登山运动中独立并发展起来，主要是以攀登自然岩壁为主。因为场地是自然岩壁，所以攀岩运动的开展会受场地、天气、交通等一些外部因素的制约。直到1985年法国人发明了可自由装卸的，由仿真沙子、石头、玻璃纤维和其他现代高科技原料混合制成的岩壁，才成功地把攀岩运动从纯自然岩壁发展到室内的人工岩壁。人工岩壁的出现使攀岩发展为既是一项运动又是一项娱乐活动。目前，在国外，各种攀岩俱乐部随处可见，每年都会举办大型、小型、室内、室外、成年、青少年、男子、女子等各种不同形式的攀岩比赛和娱乐活动。

随着攀岩运动的不断发展，攀岩运动的形式也变得多种多样，从不同的角度可以对攀岩运动进行不同的分类。按照攀岩地点可分为自然岩壁攀登和人工岩壁攀登。天然岩壁是大自然在地壳运动时自然形成的悬崖峭壁，给人的真实感和挑战性较强，参与者可自行选择攀岩的岩壁和攀岩路线及攀登地点。人工岩壁是人为设置岩点和路线的模拟墙壁，可在室内和室外进行攀岩技术的训练，难易程度可随意控制，训练时间比较机动，但高度和真实感有限。另外，按攀登形式可分为自由攀登、器械攀登、顶绳攀登和先锋攀登；按比赛形式可分为难度攀岩、速度攀岩、抱石比赛和室内攀岩；按照比赛性质可分为完攀、看攀、红点攀、速度攀岩和大圆石攀岩；根据不同的地貌和攀岩技术特点可分为岩石作业和冰雪作业两大类。

攀岩运动是攀登者借助技术装备和同伴的保护，在不同的高度和角度的岩壁上，在有限的时间内选择自己认为最佳的、最合理的线路，完成腾挪、转身、跳转、引体等惊险的技术动作，依靠自身顽强的意志、体力和思维能力完成整条线路的攀登。同时，它也被全球的攀岩爱好者亲切地称为"峭壁上的芭蕾"。

攀爬悬崖峭壁极具刺激性和挑战性，所以攀岩作为一项独立的、被广大青少年所喜爱的运动迅速在全世界普及开来。惊险刺激是攀岩运动最根本的特点，它能充分满足人们要求回归自然、寻求刺激、挑战自然、挑战自我的欲望，这也是它深受人们喜爱的根源。攀岩正以其特有的魅力和突出的个性感染着人们。参与攀岩，会让参与者在与悬崖峭壁的抗衡中学会坚强，在与大山的拥抱中感受宽容，在征服攀登路线后享受成功与胜利的喜悦。

2.简要比赛规则

（1）岩壁要求。所有由国际竞技攀登委员会授权的比赛都必须在专门设计的人工岩壁上进行，要求每条路线宽度至少3 m，高度至少12 m，路线的攀爬长度至少达到15 m。经裁判长批准，局部地形窄于3 m的岩壁亦可用于比赛。整个岩面均可用于攀登，但选手不得用手抓岩板上的螺丝孔。攀登中不允许使用岩壁的侧缘和顶缘。如果需要把某条路线与其他路线划分开，界线标志必须连续且清晰可辨，路线的起点必须清楚地标明。

（2）比赛形式

①难度赛。以先锋攀登、下方保护的方式进行比赛，参赛者按规定顺序依次将保护绳扣入快挂。选手的攀登高度（若在横移或屋檐部分，则以沿路线方向的最大长度计）决定其在该轮比赛中的名次。难度赛中包括以下攀登的方式：在规定的路线观察时间里观察路线，后进行攀登；观看完路线员预先演示再进行攀登；对路线进行规则允许的练习之后再进行攀登。

②速度赛。选手以顶绳保护方式攀登，完成路线的时间长短决定选手在该轮比赛中的名次。速度赛在选手攀登之前会由经授权的路线员进行攀登演示。

③抱石赛。抱石赛由数条技术难度较高的短路线组成。根据安全的需要，针对不同类型的路线采用不同的保护方式（分保护者在上方、保护者在下方、无保护三种）。参赛者的累积积分点数决定其在该轮比赛中的名次。

国际比赛可包括难度赛、速度赛和抱石赛等不同项目的比赛，但并非所有的国际比赛都要举行每一个项目的比赛。

（二）蹦极

蹦极，也叫"机索跳"，是近来新兴的一项非常刺激的户外休闲运动。跳跃者站在40 m以上高度的桥梁、塔顶、高楼、吊车甚至热气球上，把一端固定的一根长长的橡皮绳绑在踝关节处，两臂伸开，双腿并拢，头朝下跳下去。绑在跳跃者踝部的橡皮绳很长，足以使跳跃者在空中享受几秒钟的"自由落体"。当人体落到离地面一定距离时，橡皮绳被拉开、绷紧，阻止人体继续下落，当到达最低点时橡皮绳再次弹起，人被拉起，随后又落下，这样反复多次直到橡皮绳的弹性消失为止，这就是蹦极的全过程。

蹦极的玩法有许多种，按照跳法分类主要有绑腰后跃式、绑腰前扑式、绑脚高空跳水式、绑脚后空翻式、绑背弹跳、双人跳；按地点分类有桥梁蹦极、塔式蹦极、火箭蹦极；按蹦极技巧和人数还可分为自由式、前滚翻、后滚翻、单人跳、双人跳。每种玩法都会让人有不同的感受。

四、滨海休闲运动

滨海休闲运动主要是使人们通过充分接触大海和沙滩的方式，达到放松的效果，最终达到休闲娱乐的目的。中国有悠长的海岸线，故而也有丰富的滨海资源，这非常有利于为人们提供集悠闲、体育、娱乐于一体的滨海休闲活动。

我们把活动范围集中在陆地的公共休闲体育活动称为"陆地公共休闲体育活动"，把主要活动范围集中在海滨地区或海上的公共休闲体育活动称为"滨海公共休闲体育活动"。滨海公共休闲体育活动项目众多，其活动形式主要借助沙滩、海水等自然条件及运动器材而开展，如沙滩排球、沙滩足球、沙滩跑步、沙滩车、冲浪、嬉水、帆船、帆板、海泳、潜泳、休闲潜水、拖曳伞、海上降落伞、高空滑翔伞、海上滑翼机、海钓、岸钓及船钓，等等。

（一）沙滩休闲运动

1.沙滩足球

沙滩足球不但具有足球运动的基本特点，同时还具备一些独特性。其一，很强的地域性。沙滩足球运动要求在较厚的细沙中进行，有细沙的海滩、江滩、河滩等都是沙滩足球运动的良好场所，但有如此条件的城市并不是很多，因此沙滩足球运动大多数集中在沿海地区。其二，极具观赏与娱乐性。沙滩足球运动由于场地松软、缓冲力比较强，比赛过程中常出现"倒挂金钩""飞身扑救"等花哨的技术动作，因此比其他形式的体育活动更具有观赏性和娱乐性。

就中国目前开展沙滩足球运动的情况来看，山东青岛、浙江舟山、福建厦门、广东广州、广西北海等沿海地区组织开展了多届沙滩足球比赛，参与人数众多，极大促进了沙滩足球在中国的发展，尤其是浙江舟山，是沙滩足球开展得最好的城市之一。

沙滩足球竞赛简要规则如下。首先，在替换队员方面没有人数限制。两队在同一场地内通过对抗、配合进行攻守。其次，一场比赛时间总共36 min，包括三个小节，在每两节之间有1 min的休息时间。最后，沙滩足球根据犯规的不同程度给以不同程度的处罚，通过亮牌的形式，包括黄牌、蓝牌和红牌。黄牌的意思是球员被裁判警告一次；蓝牌是指同一球员被裁判第二次警告；红牌是指同一球员受到第三次警告，同时也意味着该球员被罚下场。在赛规上，蓝牌可以说是沙滩足球的独特之处，因为领到蓝牌的队员将接受出场2 min的处罚。就正规的沙滩足球国际比赛来看，因为参赛运动员是赤脚上阵，所以对比赛场地的要求十分严格，场地表面必须由沙子组成，场地必须是平坦的，场地里面没有贝壳、石头和其他尖锐物。除此之外，沙子必须经过筛选，没有粗块才被允许使用。沙子必须是细颗粒，但又不能太细，否则容易弄脏或粘在身上。另外，沙子的深度不得少于40 cm。

2.沙滩排球

沙滩排球的基本规则、场地大小、排球大小、计分裁定及交换发球权等方面均与室内排球运动基本一样。但是，沙滩排球运动具有更大的随意性和娱乐性，对于种种的规则大可以置之不理，甚至可以自己制订规则。同时，沙滩排球对于服装的要求也十分随意，根据个人爱好，背心、短裤、遮阳帽、太阳镜等均可。

国际排联对沙滩排球运动的定义是：在沙滩上或者其他软场地上按有关规则举行的排球运动即为沙滩排球运动。这个定义有效地帮助沙滩排球在全世界范围内普及开来。这样一来，沙滩排球比赛既可以在海边的沙滩上进行，又可以在人造沙滩上举行。同沙滩足球类似，沙滩排球对沙地也有要求，厚度要至少达到40cm。在远离沙滩的城市，即便没有自然的沙滩，也可以修建人工球场来解决此问题。由此可见，沙滩排球运动是开展全民健身、休闲的好项目。

（二）海上休闲运动

1.休闲潜水

（1）浮潜。指浮在水面而不潜入水中的浮游活动，所需要的装备是"浮潜三宝"——面镜、呼吸管、脚蹼。需要注意的是，大多数首次下海浮潜的人最好先在泳池内熟悉浮潜三宝的使用方法，不会游泳的人最好选择穿上救生衣，以保证安全。事实上，浮潜初学者仅仅需要很短的时间便可了解和掌握浮潜三宝的使用技巧。因为借助了呼吸管所以能解决游泳中最难掌握的换气呼吸问题，另外海水的浮力大，只要海中没有大浪，人肯定能漂浮于水的表面，所以学浮潜比学游泳容易很多。

呼吸管的作用主要是帮助浮潜人员面部埋在水面下时也能够呼吸空气；面镜则是帮助潜水者观察水下景物，同时鼻子罩在面镜内也避免了在下潜的过程中因为水压造成的鼻子灌水的可能，还可以保护耳膜；脚蹼的推动力可以帮助人们更省力、更快地到达目的地，同时也可以保护人的脚不被海里的生物刺伤或刮伤。

（2）水肺潜水。指戴着压缩空气瓶（非氧气瓶），利用水下呼吸装置潜入水下的活动。水肺潜水装备包括面镜、呼吸管、脚蹼、呼吸器、潜水仪表、气瓶、浮力调整背心和潜水服等。潜水员在开放水域潜水时，还会携带潜水刀、水下手电乃至鱼枪等必要的辅助装备。

水肺潜水还有两种分类——休闲深潜、技术深潜。其中休闲深潜以休闲为目的，技术要求相对不是那么高，一般入潜深度不超过40 m；技术深潜一般都是有一定目标或主题项目的潜水，属于高要求的潜水，适用于工业、商业或者军事用途，当然也不乏狂热的潜水粉丝会去尝试。

水肺潜水有严格的规定，最大的潜水深度是40 m。另外，没有潜水证的人可以选择参加体验潜水，限制的极限潜水深度是12 m，但此类潜水必须有专业教练陪同。而持有OW（open water，开放水域）和AOW（advanced open water，进阶开放水域）潜水牌的潜水员只要有配对潜伴便可独立下潜，其中初级开放水域潜水员（OW）限制的极限潜水深度是18 m，进阶开放水域潜水员（AOW）限制的极限潜水深度是30 m。潜水员在潜水过程中需要维持在个人受训经验的限度内，参照潜水计划表进行潜水，并同时在潜水日志上进行记录。在陌生水域进行潜水时，需要请当地的潜导带引。这里说到的OW和AOW是两种潜水员执照，可以通过专门提供潜水培训和认证的组织考取。以普及度和知名度最高的PADI（国际职业潜水教练协会）来看，初级开放水域潜水员的培训只需要3~4天的时间，其中包括了2天的录像演示教学、2个水池训练和2个开放水域潜水训练，过程中会有笔试部分考查浮力知识，同时也有水中的实际操作部分，如控制中性浮力、调节耳压平衡、处理潜水装备等。

2.冲浪

冲浪是一种非常紧张刺激的水上运动。通常是从人身冲浪（即直接踏水）的训练开始的。人身冲浪，指的是冲浪者先通过游泳离开海岸去等待海浪，当海浪冲向海岸时，冲浪者就侧身游向海岸，当游到浪峰上时，冲浪者把脸朝下，背部拱起，并把手放在腿的旁边，这样海浪就会把他冲向岸边。等到海浪消失，冲浪者就可以两手张开以减慢速度。这种冲浪的感觉训练及平衡感训练在冲浪板冲浪中是相当重要的。

平衡感调节到位以后，便可以开始利用冲浪板进行冲浪。这时需要冲浪者将腹部趴在冲浪板上，然后划到海浪成形的地方。当大浪开始冲向岸边时，冲浪者需奋力划到海浪的前面，在海浪开始把冲浪板冲向海边时，冲浪者迅速站立起来，一脚在前，一脚在后，以改变身体的重心来驾驭冲浪板。优秀的冲浪者可以移动自己的重心到冲浪板的前端，但大部分人都是站在中央或者后面部分来控制方向的。

五、冰雪休闲运动

在中国的东北、华北及西北的广大地区，冬季大都会开展以冰雪运动为主的公共休闲体育运动，其中东北的黑龙江、辽宁、吉林是开展冰雪运动的重点省份。中国的北方冬季平均气温很低，冰雪期大概有4个月，天然的滑雪滑冰场地资源——江、河、湖及水库等冰场遍布各处，十分适宜不同人群开展各式各样的冰雪体验。

（一）滑雪休闲运动

滑雪运动是指人们基本呈站立姿势，脚踏滑雪板（双只或单只）或手持滑雪杖（或不持滑雪杖）在雪面上滑行的运动形式。"立""板""雪""滑"是滑雪的基本要素。

滑雪运动从历史沿革角度可划分为古代滑雪、近代滑雪、现代滑雪；根据滑行的条件和参与的目的可分为实用类滑雪、竞技类滑雪和娱乐健身类滑雪。实用类滑雪用于林业、边防、狩猎、交通等领域，现已多被机械设备所替代，逐渐失去昔日的应用价值；竞技类滑雪是将滑雪升华为在特定的环境条件下，运用比赛的功能，达到竞赛的目的；娱乐健身类滑雪是适应现代人生活、文化需求而发展起来的大众滑雪运动。大众滑雪运动集健身、消遣、审美等作用于一身，从而走进了普通大众的休闲生活。对于有能力进行滑雪休闲运动的人来说，滑雪运动不仅仅是一种社会时尚，是自身的一种积极生活态度，同时也可以满足健身和娱乐的双重目的。

滑雪是比较复杂的运动，所以在开展运动之前要做好周全的准备，了解滑雪环境，包括滑雪类型、雪道格局、天气等。雪道格局主要是指雪道的坡度、高度和周边的状况。滑雪者需要根据自身的滑雪水平来选择相应的滑道，还要熟悉雪场的设施分布情况，以防遇到突发状况便于求救。同时还需要了解各种滑雪装备，包括滑雪板、安全绑带、滑雪鞋、滑雪手杖、太阳镜等装备的正确使用和佩戴。

滑雪的五个基本技巧与要领如下。

（1）步行。从穿上滑雪器开始，需要学习的第一个动作就是步行，跟一般走路没有区别，只是穿上滑雪器后会略显笨重和不习惯，可以先来回走几圈慢慢适应平衡。

（2）跌倒。以侧身着地最为安全，在跌倒前一般重心后移，身体向某侧倾斜，最大程度地减小不必要的受伤。

（3）方向变换。以滑雪器的前端或尾端为圆心，将欲转变方向内侧之滑雪器，向欲转换方向分开呈V字形，再将外侧滑雪器靠拢过来（本方向变换仅适于在平坦的雪面上进行，若是斜坡上则不适用）。

（4）登行。某些有条件的滑雪场会提供缆车，可以直接乘坐缆车上山。如果没有缆车的雪场可以选择脱掉滑雪器，扛着走上去。

（5）平地滑行。双脚平行站立，运用手腕的力量将雪杖往后推，从而使身体和滑雪器向前滑行，这个过程中比较重要的就是保持身体的重心平衡，防止后坐跌倒。

（二）滑冰休闲运动

滑冰是中国北方传统的体育运动项目，有着悠久的历史，最早出现在宋朝。《宋史·礼志》中就记载了滑冰运动："幸后苑观花，作冰嬉。"随着时代的发展，冰嬉运动到清朝的时候已经成为民间非常普遍的文体娱乐活动。

人们利用冰刀在冰上滑行的冬季运动项目最早起源于10世纪的荷兰，大约在13世纪，此项运动在英国盛行开来，在19世纪末传入中国。滑冰运动主要分为速度滑冰、花样滑冰、冰上舞蹈和冰球等，其中速度滑冰是冰上运动中最为普及、最为易学的一种，是其他冰上运动的基础，受到广大青少年的喜爱。练习速度滑冰能有效地增强体质、提高自身机体的平衡能力和抗寒能力，同时还能锻炼青少年顽强勇敢的意志力。

速度滑冰的关键技术有以下几点。

（1）直道滑行。直道滑行是速度滑冰最基础的技术，正确的滑行姿势是将上身放轻松并向前倾斜，腿部弯曲大约呈90°～110°角，两臂放松置于背后，当然滑行的姿势根据个人的特点和喜好会有所不同。直道滑行的关键点在于掌握恰当的蹬冰时间，当冰刀切入冰面获得支撑时就应用力来蹬冰前行。

（2）弯道滑行。其基本姿势与直道滑行大致相同，不同点在于向心力的作用。在弯道滑行过程中，身体始终保持向左倾斜，使用左脚外刃、右脚内刃蹬冰。

（3）摆臂动作。在滑行过程中，适当地摆臂可以起到协调的作用。无论采用双摆臂还是单侧摆臂，都要用力，注意摆动方向与滑行方向要保持一致。

六、静态益智休闲运动

在中国最为流行的静态益智休闲运动是中国象棋。象棋在中国有相当长的发展历史，是中国最为普及的一种益智类游戏，其规则简单。交战双方各16枚棋子：双车，双炮，双马，双象（相），双士（仕），五兵（卒），一将（帅）。一般红棋先行，以"将死"或"困毙"对方将（帅）为胜。象棋是人类智慧的体操，是高雅的艺术，同时又是世界上最古老的战争游戏。在这场头脑与心智的较量中体现了"智、信、仁、勇、义"。智："运筹于帷幄之中，决胜于千里之外。"信："三军对垒，将帅坐镇中军，上下同生共死。士相环绕，士不离九宫，象不过河界，专心护主，忠信也。"仁："棋至残局，虽大子尽失，然士相全可和一车、小卒终局较量，不至于战至一兵一卒之惨烈。"义、勇："士为知己者死，虽小卒亦知义。"这是中国自古以来追求的道德境界。

象棋的历史源远流长，在中国民众的娱乐生活中扮演着异常重要的角色，下至垂髫小儿，上至耄耋老人都参与其中。这与其自身随历史大势发展演变有关，更离不开它自身的魅力。它集体育、艺术和智慧于一体，当中有引人入胜的对局，有构思精巧的安排，有热情的意志和冷静的计算。象棋对人的思维能力的要求使它成为一种智者的游戏。

第三节 公共休闲体育的社会功能与社会发展

一、体育教育和人类需要

体育教育应配合学校教育，致力于解决如何使人类更好地生存这一新课题，使体育教育更好地为满足人类生存的多种需要和改善人类生存状态服务。美国心理学家马斯洛（Abraham H. Maslon W）提出的需要层次论，深刻地揭示出人类自身需要的本质。人类五个层次的需要与人对体育教育的需要本身就有着内在的联系。这是体育教育本质功能的表现，无论是自我价值的实现，自我尊重的需要，还是自我安全、社交的需要，都与体育教育有着广泛的联系。[1]

人类的生存需要除了人能动地改造物质世界以满足自身，还有人类生存需要所反映出的客观性，人不得不受由人们的生存条件、生存能力、生存方式所决定的生存状态的影响和制约。人类如何生存发展，这就需要解决人类怎样掌握生存和发展所必备的知识、技能和形成各种本领的问题。

体育教育应在解决人类所需的这些实质性问题上发挥出自身应有的独特作用。从目的来看，体育教育应是为人类身心健康与人的发展服务的；从过程来看，体育教育应是一种有效地掌握体育基本知识、技术及卫生保健常识、技能的学习过程，是一种教与学的过程；从内容来看，体育教育应包含人类生存与发展所需要的各种生存能力的形成与提高的内容。

我们不仅仅在理论上要认清身心培育的教育属性，在身心教育的实践中还应进行充分反映出具有教育属性的身心培育活动。那种在实践中单一的运动性和活动性用来达到身心培育目的的做法及把它简单地看作是一种体育教育性质活动的观念是错误的。这只能反映出我们某些体育教育工作者在认识体育教育本质问题上，还存在着不足，具有不完全性和不深刻性，仅仅看到了体育的特殊性，没有看到教育的普遍性。

大家都知道，婴儿开始伸展四肢、幼儿开始学习走路，表明他们都具备基本活动的能力，这仅仅是运动的原始状态，包含了体育运动要素中的一部分而不是全部。这还与婴儿自发的本能需要有关，并未构成内涵深刻而丰富的科学性体育运动。它的本质理应是让人们通过一般的教与学的活动过程，去掌握知识、技能及科学锻炼身体的方法，去学会人类生存与发展所必备的某些生活能力和本领。只有这样，才能达到体育为人类生存发展服务的终极目的。

二、公共休闲体育实践与民族文化休闲

（一）体育教育实践价值

人的需要与人对体育教育的需要有着多方面的联系。随着社会的进步，体

---

[1] 肖洪凡,刘晓蕾.休闲体育课程建构理论与实践研究[M].石家庄:河北人民出版社,2019: 52-55.

育功能也在不断拓展，这种拓展又意味着体育教育与人们社会生活方面的联系日益加强，意味着体育教育在满足人类生存与发展的需要方面，无论在广度上还是深度上都在不断地延伸。这就要求我们在体育教育发展中，充分考虑到社会需要与个人需要的融通、物质需要与精神需要的平衡、短期需要与长远需要的兼容等问题。

体育教育过程包含两个重点：一是人的内发性自尊、自强、自爱、自我价值实现的需要；二是人的身心健康发展的需要。而体育教育则可通过促进学生能力发展的学习过程，使他们多方面的需要得到满足和实现。

事实上，正确的走、站、坐、卧姿态，良好的作息和饮食卫生，用眼和用脑的卫生常识，游水能力，各种自我防卫技巧，防火常识，基本的运动创伤救护常识和方法，交通安全常识等体育卫生保健的内容，都与人类生存与发展的需要紧密相关。休闲则是指在非劳动及非工作时间内以各种"玩"的方式求得身心协调与放松，达到生命保健、体能恢复、身心愉快的目的的一种业余生活。

（二）民族文化休闲价值

伴随着工业社会的来临与科学技术的不断发展，人类进入了现代化的发展阶段。人们维持生活需要的社会必要劳动时间减少，自己可支配的剩余时间增多。在此情况下，休闲将成为人类社会的重要特征。从现代社会发展的基本趋势来看，休闲已经进入了人们的生活领域，成为每个人都必须面对的现实，因此我们有必要选择我们认为有意义的、健康的活动形式，从容地度过这些时刻。研究表明，运动休闲是人类度过休闲时间的最好方式。

今天，运动性休闲中最重要的一类——公共休闲体育，已经发展成为人类生活中不可或缺的组成部分。当前，在全球化浪潮冲击下，保持民族文化自尊的呼声愈发高涨，特别是有着悠久历史文化传统和灿烂文明的中国，在与世界的对话中拥有越来越多的话语权。世界需要了解中国，需要中国贡献自己的优秀文化传统。比如武术，作为中华民族优秀文化之一，历经几千年的发展，已发展成为一种融防身健体、娱乐交友等多种功能于一体的体育活动，而这些功能恰好能够满足人们的休闲需求。

大力发展公共休闲体育，倡导慢运动有利于推广全民健身。近年来，群众休闲需求不断高涨，大力发展公共休闲体育成为我国社会体育工作的重点。专家认为，慢运动是一种新的运动方式和生活理念，在社会体育工作中融入慢运动概念有利于推广全民健身。慢运动具有主体自由随意性、形式轻松灵活性、效用丰富综合性、参与广泛普及性等特点，可以成为推广全民健身的好抓手。据了解，狭义的慢运动是指一切区别于竞技运动的运动，即人们利用闲暇时间进行的强度不大的可持续性活动，强调时间长、负重小，如漫步、瑜伽、打球、钓鱼、爬山、跳舞等。从广义上讲，慢运动更是一种理念和生活方式，核心是从容地做好生活中的每一件事情并从中得到享受，比如上街买菜、步行上班等。

三、公共休闲体育的兴起

（一）中国休闲时代的到来

休闲，其实就是如何利用"业余时间"。今天，人们可以在任何一个城市找到喜欢的任何一种休闲娱乐场所：保龄球馆、游泳馆、网球场、桑拿房、健身房、游戏厅……休闲文化开始渗入人们的日常生活，假日经济也已经成为一个新的经济增长点。休闲有它产生的文化背景和社会背景，与经济发展相协调。中国到了应该关注休闲文化和休闲经济的时候了。

在社会生产力极大提高与科技飞速发展的今天，社会必要劳动时间越来越短，人们的空闲时间越来越多，但人们并不因此而越来越会"休闲"。物理意义上的"空闲"，并不能给人们带来真正意义上的满足，人们迫切需要休闲娱乐的理论研究，解决在实践中凸现的问题。

与休闲时代平行的是"身体时代"的来临，现在是比脑力和数码、而不比体格和体力的说法颇值怀疑。健身和强健的体魄，从未像今天这样被需要；"角斗士"和"武侠"式的个人体力成为当今影视的热点，也绝不是偶然。在休闲时段，大力发展个人健身意义上的"体育"活动，非常重要。综合国力的竞争，是高科技加"高"身体素质的竞争。如果各行各业都来开掘休闲文化内涵，而不仅仅满足于休闲利润的计算，那么，休闲产业的经济规模才能真正得到稳步扩大。

现代休闲活动对个性发展和社会文明建设具有极其重要的作用，因此受到社会各界的重视。我国在开展社会主义精神文明建设和全民健身活动中，将体育休闲活动作为重要方面来积极组织和引导人们参与，希望人们充分享受美好生活，并通过休闲活动增进健康、陶冶情操、丰富生活，以此促进社会稳定和发展。

（二）国内运动与休闲的研究

关于运动与休闲的研究，在国外是从20世纪60年代开始的，当时习惯称之为"运动休闲"。从时间的角度定义休闲，是普遍且易接受的观点，即指从事休闲活动所使用的时间，是生活当中可自由、随心所欲运用的部分。我们可以把人的时间分成三大部分：生存所需的时间，如睡眠、饮食的时间；维持生命所需的时间，如工作时间；休闲的时间，即可从事其他活动的时间。

休闲活动有两类，一类是动态的，一类是静态的。动态的休闲活动就是休闲运动。有学者把另外一个与运动休闲相类似的概念——"运动性休闲"定义为：根据个人自由意愿与个人特定的参与目标，于课余时间之内主动且积极从事的具有运动性质的活动，包括动态性与体能性的体育活动。

现代文明加剧了人的异化，加剧了人与人、人与社会、人与自然之间的疏远和隔离，加剧了功利主义的极端化。现代生活中的游乐化倾向的象征作用，不失为一种反省和匡正。人类热衷于游乐的心理，是原始的必然性冲动和欲望，表现出创造性的游戏和审美实践的特性。这种普遍的欲望和意识，是一种社会文化心理积淀的现象。人们在游乐中所追求的，是来自大自然空间的审美直观中形成的心理平衡和愉悦。在多样化统一的世界中，人的生命运动在任意的空间和时间形式里自由创造审美的强化实践形式，具有普遍和永恒的价值。

还有更多学者关注人们以休养体力、精力，解脱精神压力，排遣消极情绪为目的自觉自愿地参与体育活动的社会现象。但是一直以来，对这类现象的叫法不一，主要有"休闲体育""休闲运动""余暇体育""娱乐体育""快乐体育""轻体育"等。

体育休闲是在闲暇时间里从事具有运动性质且能愉悦身心的活动，也就是说体育运动是休闲的一种很好的方式。由于概念模糊，有研究者给休闲体育下过这样的定义：休闲体育是人们遵循人体的生长发育规律和身体活动的规律，以身体练习为基本手段，结合日光、空气、水等自然因素和卫生措施，达到增强体质的目的。

休闲娱乐体育，即人们利用余暇时间去参加的那些能使人们快乐的一切体育活动。这个定义体现了人们"生存—享受—发展"的生活模式。可见，休闲体育蕴含着浓厚的生活气息，富有很强的生活价值。

对于休闲体育的特点研究，可以概括出个体选择性特征——休闲体育是在工作、学习之余参加的体育锻炼，不需要按计划或技术动作要求去做，也不需要按规定时间、地点和场地进行体育锻炼。人们根据自己的性格、兴趣和能力选择体育活动项目，竞赛性不强，以有氧运动为主。

运动休闲具有如下功能。

（1）改善生活质量。在大城市里，人们容易感到被孤立、孤独、烦躁，人与人之间的交流和沟通显得极为重要，运动休闲可为人们增加社会交往的机会，维持人们的心理健康。不同种族、宗教信仰、阶级背景的人，通过共同的运动休闲方式改善彼此之间的关系，改变了一些人的不良生活方式。

（2）帮助保持健康。"文明病"通过运动休闲得以调节，运动休闲活动可以帮助减少疾病的产生。

（3）回归大自然。运动休闲成为现代人休闲生活的主旋律，大多数人喜欢到大自然中去进行运动休闲活动，这从很多现代都市人迷上极限体育运动也可见一斑。

第四节　公共休闲体育对城市发展的价值

一、提升城市的经济效益

公共休闲体育业作为蓬勃发展的第三产业，可以带动一个城市的消费，主要通过参与者直接参加公共休闲体育活动，同时提供相关的指导、咨询和服务而获取经济收益，进行公共休闲体育活动需配套相关的设备，这些设备的出售或出租，在满足了消费者需要的同时也积累了建设资金。并且，公共休闲体育业是一种既具服务性又具生产性的综合性产业，会为社会提供大量的就业机会，形成良性循环，带来经济效益的提升。

二、塑造良好的城市形象

城市形象就是人们从不同层面对城市的印象和体验，它是城市文化内涵的一种外在化表现。城市形象包括物化的硬件系统和非物化的软件系统，其中，决定一座城市的形象的主要因素并不是经济的发达和市景的繁华，而是城市内在的精神和文化气质及市民对城市的情感。公共休闲体育是城市形象的构成元素之一。它给予城市健康的休闲生活，使市民在共同的公共休闲体育价值引导下，一起分享和体验城市的休闲文化资源。公共休闲体育不仅仅是单纯的竞技和健身，它还与其他社会现象紧密结合，为城市发展提供多元化功能与价值，人们在运动休闲中表现出的价值观、情感状态和文明行为最能直接展现一座城市的形象。因而，公共休闲体育也被称为文化意义上的一次体育"革命"，在城市发展中不断满足人们的文化和精神需求。

在很多的城市宣传片中，我们常常看到人们在公园中晨练、在赛场中拼搏的身影，这种运动中表现出的文化和精神特质是对城市形象最好的诠释。这样的感知会大大增强人们对城市的认同度和归属感，而这种感知一经形成，将会稳定地化为人们的印象，成为一种无意识的直觉行动支配人们对城市的情感和态度，并由此获得市民和旅游者对这座城市的信任和热爱，使城市拥有最基本和厚重的文化资源，形成可持续发展的内驱力。

三、改善城市的宜居环境

城市的宜居离不开休闲，宜居城市同时也是一座高品质的休闲城市。如果在一座城市的生活过于紧张，其生活质量则比较低。随着休闲时代的到来，城市已从单纯工业化竞争转向和谐发展。公共休闲体育有助于城市的宜居和市民安居，体现在以下方面。

（1）公共休闲体育产业的发展加快了城市基础设施的建设步伐，特别是运动场馆、设施等公共休闲资源的完善不但为市民的宜居生活提供了良好的物质条件，也改变了传统意义上以密集建筑为标志的城市概念。

（2）公共休闲体育产业的发展能有效减少工业化产生的环境污染，对城市生态文明和发展起着校正和平衡作用。

（3）公共休闲体育将生活在同一空间的人们凝聚成一个具有共同利益、目标和价值观的社区群体，他们共同关心社区建设，共同营造积极的社区环境和体育文化氛围，在相互尊重和信任中形成一个宜居社区。

（4）公共休闲体育活动还对青少年形成正确的价值观、积极的情感和良好的行为有着教育和引导作用，有利于缓解社会矛盾，维护社会稳定，同时为城市发展节约社会成本。

（5）体育赛事活动在带给市民高质量休闲享受的同时，还潜移默化地提高市民的公德意识和文明习惯，从而提升城市发展的软实力。

四、发挥城市的创新活力

公共休闲体育没有身份、地位的偏见，每个人都能自由选择运动内容和方式，并在运动中获得身心满足，正是在这样非功利的宽松环境中，在放松的心态下，人们才能够发挥创造性思维，激发出潜在的灵感和丰富的想象力，这正是创新所必需的条件之一。创新不是靠一己之力单打独斗，而需要高度的团队协作精神，充分发挥团体、组织和社会的力量，在彼此合作和相互学习中，依靠集体的"战术"获得更大的成功；创新也不是一念之间、一时之力，而需要不断地坚持，历经无数次失败，需要过硬的心理素质和良好的心态最终才能成功，这正是奥林匹克的精神所在。此外，公共休闲体育为市民提供了沟通和交流的平台，无论是日常的体育休闲还是赛事活动，大家聚集在一起，相互沟通信息和交流思想，在开放的环境和活跃的气氛中，人们视野开阔，常常迸发出思想的火花和精妙的创意。大型体育赛事活动的开展，加强了城市与国内外城市之间的交流，可以发现城市发展中的不足，从而为城市管理和服务创新及创新环境的建设创造条件。

五、提升城市的品位

城市是一个具有物质存贮和集散功能的空间形态，它不仅是所有物质形态的集散地，更是精神文明的载体。人类不仅有为生存而群居的动物性本能，更有情感和思想交流的精神诉求，这正是城市产生和发展的人文因素。城市所表现出来的历史文化风貌、精神状态及由此形成的城市特质是本质上吸引人们在此聚集和生活的内在动因，这就是城市的凝聚力。这种凝聚力和精神的存在使城市品位由此提升，也就理所当然地聚集四面八方的人来此安居乐业。

公共休闲体育文化表现出的正是城市的这种凝聚力和精神。公共休闲体育不如竞技体育充满着竞争和向极限挑战，更多的是大家的相互配合、相互支撑和协调，使人与人之间充满友善和关怀。当这些公共休闲体育理念成为一座城市广泛认同的价值观念,并作为一种集体性格为城市打上烙印,公共休闲体育文化也就上升为城市的一种精神,不断提升城市的品位。可以说,公共休闲体育文化正积极引领和推进城市市民科学、健康、文明的休闲生活方式,不断鼓舞广大市民积极向上的生活态度和追求幸福的精神状态,也使得城市更加具有自身的独特品位。[1]

---

[1] 焦敬伟,郑丹蘅.休闲体育对上海城市发展的文化价值[J].体育文化导刊,2014(08):186-189

第六章　公共体育产业与城市发展

第一节　公共体育产业的基础认知

一、对体育产业内涵的界定

追根溯源，了解体育产业意义下的"体育"含义，有助于深入把握体育产业的内涵。作为社会文化活动的一种，体育的本质是教育性的，然而这并不意味着体育仅仅局限于学校教育的狭窄空间内，它最终指向和关注的是人类自我关怀与人类身心的全面发展。提升人的身心健康状态，促进人的自我完善，是体育的教育目的所在。身体活动是承载体育的重要手段与内容，但与舞蹈等同样借助身体活动来表达的文化类型不同，体育表现为以各类运动项目为主体内容的竞赛与娱乐文化活动，这些经由历史积淀逐步成型的运动项目正是体育文化活动的特色所在。[1]

人们或亲身参与其中，或欣赏他人表演，来满足自身对健康、健身、娱乐、休闲等各种需要的追求，在快乐和释放中实现自我完善与发展的目的。围绕这些与运动有关的需要，形成消费体育的潜在市场，人们必须通过交换才能获得体育场地的使用权。当出现一定规模的具备购买力条件的消费者时，现实的体育市场逐步成形，向市场提供体育产品以满足消费者需求的供应商陆续进入，市场占有规模、生产规模和产出规模等聚集到一定程度便构成体育产业。从产业的层面解读体育，它是借助各类运动形式实现娱人娱己而达到自我发展目的的一种文化活动，具有娱乐休闲服务的属性。从消费者的角度解读体育产业中的体育，它是人们抱着娱乐和休闲的心情参与或观赏的各类体育活动，是众多闲暇活动形式中的一种。

---

[1] 刘燕舞.论城市发展与体育产业的推进——以广州为例[D].华南师范大学: 2007: 41-72.

对体育产业市场的消费者而言，愉悦身心是购买消费体育产品的主要目的，掌握运动技能、提高运动成绩或者促进身体健康则可算作体育消费的副产品。体育产品主要满足他们与体育运动有关的需要，包括观赏体育运动竞赛表演或者亲身参与体验体育运动的需要。

从产业经济的理论视角出发，基于体育运动的本质含义，将广义的体育产业界定为：为满足消费者观赏或参与体育活动的休闲及娱乐的需求，从事体育产品生产的部门的集合。狭义的体育产业则范围稍窄，仅是广义产业范畴下从事体育产品生产的企业组织的集合。这里的体育产品是指竞赛表演服务与健身休闲服务，同样有广义和狭义之分。广义的体育产品包括非营利组织提供的公共服务、准公共服务和营利组织提供的私人服务，狭义的体育产品专指营利性的私人产品。体育产品的性质决定了体育产业的性质。体育产品的服务属性和娱乐属性，决定了体育产业这一新兴的服务性行业在我国国民经济体系中的归属。

二、对体育产业的划分

（一）体育竞赛表演业

竞赛表演业是随着近代资本主义市场经济的兴起而形成，并在日新月异的传媒技术的护航下获得巨大发展。相比健身服务业，竞赛表演业是更具代表性、更能体现体育产业经济独特性的核心门类。

竞赛表演业是由生产者（职业或专业运动员、教练员等）通过自身体力和脑力的支出，生产出来的具有观赏价值、满足精神需要的"非实物形态存在的劳动成果"，即体育竞赛产品，并通过市场交换以实现其经济价值。竞赛表演业提供的这类服务形式产品，能够满足人们的闲暇消费，促进身心健康和劳动力素质提高，而且能陶冶性情、开阔眼界，满足人们的精神文化享受。由非专业或非职业运动员提供的体育赛事，如各类娱乐表演性竞赛、明星赛、义演赛、群众性比赛等相比争胜夺标更关注休闲娱乐的体育赛事，则被归入休闲健身服务业范畴。

依据不同的标准，可将体育赛事划分为不同的类型：①以赛事持续时间为准，有赛会制赛事和赛季制赛事；②以参赛选手的地域归属为准，有跨地域赛事和本地赛事；③以比赛运动项目的数量为准，有单一型赛事和复合型赛事；④以承办地承办赛事的期限为准，有短期型赛事和长期型赛事。

（二）体育休闲健身服务业

休闲体育是人们为协调身心全面发展，自觉、自由地利用闲暇时间参与体育活动的行为方式或生活方式。体育休闲健身服务业正是为消费者在闲暇时间提供身体锻炼、康复保健、娱乐消遣等体育活动消费所需要的场地、器材、技术指导及相关服务的部门的总和。从市场范畴来划分，休闲健身服务业存在健康体育和休闲体育两大市场，前者是为了满足人们锻炼身体和身体康复的需要而形成和发展起来的体育市场；后者是为了满足人们体育休闲和娱乐而形成和发展起来的体育市场。

在我国，随着人均经济实力的上升和大众消费结构的调整，体育休闲健身消费正在成为城市居民闲暇消费中不可忽视的组成部分，体育休闲健身市场从最初的高档次高消费转向多样性大众化的普及性消费，连锁型体育休闲健身场馆逐渐占据行业供给领头者的地位。体育休闲健身服务业的供给方主要由体育休闲健身场所和休闲健身俱乐部构成。根据我国休闲健身场所产权所有者的不同，有体育系统下属场所和非体育系统下属场所之分，含企业单位和事业单位在内，其中后者包括民间私营的休闲健身场所和隶属于其他系统如教育系统、军队系统等行业单位的休闲健身场所。

（三）体育其他关联产业

1.体育用品的制造与贸易

体育用品的制造与贸易，是为满足从事体育运动的需要而生产和销售运动器械装备、运动服装鞋帽等实物产品的行业。

作为体育产业供应链上的重要环节，它为竞赛表演业和休闲健身服务业提供运动器材设备、运动服装等实物产品，不论运动员和健身者的着装配备、场地的器材装置还是比赛用设施器具，都来自体育用品业的物质保障。依托于传统的制造与贸易业，体育用品业往往先于体育竞赛表演业走上规模发展的道路。该行业发展较为平稳，对体育产业的拉动作用有限，但如果没有达到一定的规模和水平，又会对体育产业的持续发展起到制约作用，例如举办赛事对特定场馆设备条件的限制，运动娱乐对健身器材设施、运动服装用品的要求等。因此，体育用品业达到适度的规模与水平，是发展体育产业的先决条件。而体育产业对体育用品业的拉动则是稳定和持久的，不仅体现在数量规模上，也反映在对产业结构升级的推进上。体育产业的发展会对体育用品业提出技术革新的要求，如此推动体育用品及服装等产品的更新换代。

我国体育产业发展实践表明，运动服装、运动鞋、运动器材等用品行业往往先于体育产业起步，此时社会的体育服务供应还来不及满足人们日益增多且多样化的体育文化需要。随着人们消费意识、需求结构的转变以及体育服务供给的不断完善，体育产业真正成长起来，体育服务业的产值逐渐超过体育用品业，将会引导体育用品业，带动其结构优化、规模扩大以及行业标准升级。作为体育产业起步和发展的坚实支撑，体育用品业是满足人们体育文化消费需求不可或缺的体育产业供应行业。

2.体育与传媒

传媒是大众传播媒介的简称，包括电视、广播、报纸、杂志、网络、广告载体等。20世纪后半期，传媒技术日新月异，体育产业中的赛事经济成为高度发达传媒技术的最大受益者，竞赛、传媒以及广告就这样结成了紧密的联盟。近年来体育赞助的持续火热，很大程度上正得益于体育传媒的发达。

以体育赛事为主的内容服务成为传媒尤其电视媒体和广告载体的宠儿，这已是不争的事实，仅以各类体育为主题的专业性报刊、杂志、电视台、网站争相开办，综合性媒体上的体育也是必不可少的吸引人的频道，而传媒对体育在全球范围的推广、对赛事与商业成功结盟的促成更是起到毋庸置疑的作用。对于重要的体育赛事，传媒严阵以待，赛事开始前铺垫、包装和宣传，举办期间转播、制作与评论，结束之后长时段大篇幅报道。可以说，如果没有传媒的大力配合、渲染和推波助澜，体育赛事的影响力和吸引力不会如此之大。体育赛事本身所独具的观赏性和娱乐性，制造了其他活动无法比肩的眼球效应，多达全球数以亿计受众的辐射面令其受到意欲拓展市场、树立品牌的商家的追逐，成为当代商业广告最青睐的活动载体之一。除了带来广告上的高额利润，对精彩刺激的体育赛事的转播和报道也提升了传媒的地位和价值。赛事、传媒、企业的联姻，实为多赢之策。

基于电视转播在体育赛事发展中的重要地位，其不可避免地会对运动赛事的演变产生导向性影响。一些运动项目为了增强其观赏性，也不得不对相关比赛规则、形式和制度进行改革，以迎合电视转播体育赛事的要求。例如，国际足联将20min的半场休息时间缩减到15min，以便更符合节目段时间的要求。

3.体育与商业经纪

与体育赛事的转播活动类似，体育经纪服务也是应竞赛表演的兴起应运而生，并主要为赛事经济提供经纪中介服务的行业。体育中介服务的供给者以各类体育经纪公司和体育经纪人为主，向体育市场提供经纪往来中介及体育信息咨询服务。从体育市场的全局来看，成熟、有序的中介市场并不能独立存在，而是必须以体育市场的整体发育度为前提和基础，即体育中介行业的出现有赖于体育产业整体的发展水平，尤其是一个面向社会开放的体育资源市场。[1]

体育中介中还有一类特别重要的职业竞技经纪，由众多经纪公司和职业经纪人构成，代理高质量专业化的经纪服务，在整个体育竞赛表演产业链中起着十分重要的承上启下的桥梁作用。这些经纪机构大多掌握包括运动员和教练员在内的宝贵人力资源，与有影响力的职业联盟及国际单项运动组织合作。操作运动员及教练员的国际国内转会，运作联系其参赛事务，对增强竞赛表演市场的活力、保证并促进赛事表演质量的提高具有关键作用。近年来，随着市场空间的不断拓宽，部分体育中介机构也开始涉足体育竞赛表演市场的投资领域，例如IMG就曾直接投资开发中国职业足球联赛、职业篮球联赛以及羽毛球、网球等非职业化运动竞赛市场。

体育中介业的繁荣，不仅是竞赛表演业的加速器，而且在规范整个体育市场运作、促进体育产业健康有序发展方面也能起到重要作用。

第二节 公共体育产业与城市发展的关联

城市是产业经济发展的腹地。全球化背景下的国家竞争，越来越明确地体现为由产业集成的城市综合实力的比较，直接表现为城市数量增多与城市规模增大的城市化进程。从发展地域看，现代体育史几乎就是一部城市体育发展史。无论是现代体育运动项目和体育职业俱乐部的发源地、职业或业余竞技赛事的角逐地还是体育健身和娱乐市场的繁荣地，无不以大小各类城市为依托，体育文化活动大都集中在作为经济、文化中心的城市，城市居民则是体育产品

---

[1] 李炜.体育场馆商业运营模式探讨[J].特区经济，2013（8）：161-162.

的主要消费者。

中国顺应服务经济和体验经济发展潮流的体育休闲娱乐产业在城市中孕育，并伴随着城市规模的壮大与城市经济的提升逐步登上城市经济和文化舞台的显著位置。公共体育产业的萌发与城市的发展之间存在着某些不可分割的必然的关联。

一、城市化对公共体育产业的孕育和发展

（一）早期城市化与公共体育产业的萌芽

工业革命不仅是机器与工业技术的革新，也诱发了城市角色的转变，推动了城市化的进程。英国成为人类历史上第一个实现城市转型的国家，也是19世纪全世界唯一以城市人口为主的国家。随着工业化从英国向欧洲和北美的扩展，城市化进程也迅速扩展到欧洲和北美。[1]

对照世界公共体育产业发展的历史，无论在地点的转移或是时间的配合方面，世界公共体育产业的发展路径均呈现出与城市化进程演变趋势相吻合的地方：兴起于英国，扩散到欧美、日韩，起步于18世纪，发展于19世纪，繁荣稳定于20世纪。这种步调一致的表现只是纯粹巧合抑或内有关联，唯有探寻公共体育产业的发展道路才能解开这一疑问。翻开公共体育产业史的篇章，其萌芽源于体育和商业的结合，诞生于资产阶级革命后的英国城市。资产阶级获得政权之前，体育以贵族运动或民间游戏为主，主要承担关系集聚及等级分层的社会功能。资本主义制度确立后，体育发展的环境随之改变，逐步解放的生产力与市场交易机制的形成体育经济功能的发展创造了有利的条件，传统体育形式以一种新的方式展现在人们眼前。追逐利润是市场交易的内生要求，这在体育进入市场后也得到了反映。据体育运动全史记载，17世纪时，在赛马、赛跑和拳击等比赛中，已经出现了买方、卖方与中介人的角色，通过签订合同契约，开创了体育进入交易市场的先河。运动员作为卖方，出售专业技能，提供竞赛表演取悦买方；观众作为买方，付费欣赏表演；比赛的经营者作为中介人，组织比赛，促成表演。几乎与此同时，原来由贵族绅士聚在一起从事的高尔夫、骑马、板球等运动，逐渐发展出一种新型的组织运作形式——俱乐部。有资料显示，世界上最早的现代体育俱

---

[1] 徐亚妮.体育产业与现代城市发展[M].兰州：甘肃文化出版社，2011：92-126.

乐部，是1608年在英国贵族中出现的高尔夫球俱乐部。此时的体育俱乐部会以高额会费为门槛，虽不以营利为目的，但它却为后期公共体育产业的发展奠定了组织上和制度上的实践基础。

　　体育作为一项产业活动的发展环境，还是在19世纪伴随着英国工业化和城市化进程快速发展阶段后真正获得的。产业的发展以大规模的市场需求为条件，由于工业的兴起，众多产业部门兴起，大量人口由传统贵族城市迁往新兴工业城市，形成人口与产业的集聚，规模庞大的工人阶级逐渐成为消费市场的主力军。工业文明造就了众多新兴职业，工程师、技术员和公务员逐渐多了起来，他们积极找寻工余能用来娱乐消遣和缓解紧张状态的身体活动形式。在工业化进程中不断推进的城市化生活，使大众的价值取向由原来的"劳动至上"转变为"劳动休闲同等重要"，进一步促进了闲暇体育观的形成和闲暇体育的实践发展。同时，资产阶级统治者愈发认识到，出钱维护可靠的、受过职业训练的工人比启用新手重新摸索要划算得多。休闲娱乐和保健的需要使劳动者的目光转向体育，发展身体运动对劳动生产率、维系社会与建设都市的现实贡献也使资本家的目光投向体育，体育的大众文化价值被充分挖掘，其普及性意义得到广泛认同。同时，市场经济制度也为体育活动的商业化提供了体制环境上的基础保障。可以说，没有产业革命的大机器生产、物质文明的进步，就没有快速的城市化过程，许多户外运动游戏也不会演变成规范的运动项目。那么，也就不会发展成如今以各类运动项目为核心依托的公共体育产业活动。

　　到了19世纪，城市化水平进一步提高，各类体育组织也开始蓬勃发展，俱乐部从贵族走向平民，企业主纷纷出资兴建俱乐部，工厂、企业成为俱乐部的主要发起者。在组织企业娱乐活动的基础上，一些与运动项目有关的企业如自行车、汽车等工厂组建了专属企业的运动俱乐部，足球俱乐部也在工厂中风行起来。这些俱乐部早期的活动以运动表演为主，借此推广企业形象，可以说是体育赞助的较早雏形，由此也可见企业赞助与体育市场发展之间的关联。加之城市交通运输能力的改善提升，为俱乐部跨越城市乃至国家参加城市间和国家间的比赛创造了便利，极大地促进了体育比赛活动的兴旺。

　　随着比赛表演的日益增多，俱乐部逐渐从工厂独立出来，获得独立的社团地位，更有工业行业巨头资助组建全国性的体育运动联合会和娱乐游戏联盟，协调联合国内各俱乐部，制定比赛规则，进一步推动了体育竞赛的普及和发展。对英国的这些体育俱乐部而言，盈利尚未成为目的，借体育营销企业或维系劳资关系的作用更加突出，但它们的确为具有广泛观赏和参与基础、易于产业化的现代体育项目的普及和体育经营组织的构建和发展奠定了不可或缺的基础。同时，从这些俱乐部中还诞生了早期的体育服务供应者——职业运动员。由此可以看出，资本家、工厂、工人这些工业发展体系中的微观细胞与现代公共体育产业发展的密切关系。同时，俱乐部的组织形式也伴随着城市化进程从英国向美国和欧洲其他国家的扩散而蔓延开去。

（二）中后期城市化与公共体育产业的发展

公共体育产业的大规模兴起在1945年以后。陆续走上工业化道路的欧美国家进入工业化的后期、城市化的发达阶段，美国经济水平后来居上，超越英国和欧洲国家，美国公共体育产业也一跃而上，与其世界经济地位相符，占据了世界公共体育产业产值的最大份额。城市大众参与体育娱乐和健身消费的强烈意愿与较高的人均收入水平，使规模化的买方市场成为现实，以盈利为目的的体育经营组织的规模不断扩大，供应体育服务的卖方市场逐渐繁荣。同时，工业技术的发达使体育用品和服装制造业等体育相关产业先于公共体育产业起步前就已颇为成熟，从而为后者的壮大提供了强大的支撑。与英国不同，美国公共体育产业自起步起，就形成于成熟的市场经济机制下，表现出逐利的商业本质。1829年，美国纽约的一个赛马俱乐部对观众发售门票，按商业方式运作了整个赛季，由此开创了体育商业化的先河。随后，棒球运动成立了联盟，开始有计划、有步骤地进行联赛市场的开发，其商业上的成功确立了体育职业联盟这一组织经营体制在现代公共体育产业发展中的地位，篮球、橄榄球和冰球项目相继引入了这一体制。可以说，美国人开创的职业联盟体制与英国人创造的协会和俱乐部体制一样，是现代体育产业得以迅猛发展的重要制度。

20世纪七八十年代起，欧美等发达国家进入后工业阶段，城市化水平超过90%，并出现都市人口外迁的逆城市化现象。城市经济发展过程中的一个重要特征是，到了工业化发展的后期阶段，经济的工业化将被经济的服务化所取代，服务业成为城市经济的主导产业和核心产业。产业结构的这一转变使作为服务业的公共体育产业获得更加有利的发展环境，国内体育服务市场的增长趋于稳定，并向国际市场拓展。

公共体育产业由于其符合当前城市居民的生活享受要求以及规模庞大而稳定的就业吸纳能力，在国民经济中的地位呈快速上升势头。闻名全球的四大职业体育联盟，每年吸引数以千万计的现场观众，创造数以亿万计的经济效益。公共体育产业在美国国民经济中占据重要地位，体育休闲健身服务业的产值逐渐超越体育竞赛表演业，成为公共体育产业的第一大产业。[1]

通过以上分析部分发达国家城市化进程与公共体育产业演变的轨迹，可以发现，两者之间的同步发展不是偶然，而是存在着内在的关联。现代体育伴随着工业文明与城市化的进程，逐渐成为城市生活方式不可或缺的组成部分。体育作为一个产业，更是依托于城市发展而来，一个地区公共体育产业的发展水平，直接受制于该地区由工业化发展所决定的城市化水平。

公共体育产业的水平既是城市化发展的结果，也是城市化水平的标志。不同阶段的城市化水平对应着不同结构的城市产业系统和公共体育产业在其中的位置。在城市化的起步阶段，体育与商业的结合，促发公共体育产业的萌芽；城市化进入快速发展阶段，体育产业的周边相关产业获得大力发展；当基本实现城市化后，公共体育产业进入快速扩张期，开始在国民经济中占得一席之地；当城市化水平达到很高阶段，随着工业的主导地位被服务业所取代，公共体育产业有可能成为国民经济中排名靠前的支柱型服务产业。

二、公共体育产业对现代城市进程的作用和贡献

随着我国城市化的加速推进和市场经济体制的逐步完善，体育的经济功能越来越明显，现代媒体的高度发达把体育运动带进千家万户，体育运动的全球性造就了一个独特的市场，形成一种特殊的产业——公共体育产业。作为现代城市功能载体的主要组成部分，公共体育产业已经成为人们生活的一个重要部分，它带动了一系列的经济活动。公共体育产业经营成为社会发展的必然要求，并得到了迅速发展，公共体育产业成为我国国民经济的重要行业，在推动经济持续增长方面发挥重要的作用。

---

[1] 雷哲.体育助力打造精致城市的价值体现及实施路径[J].体育文化导刊，2019（11）：45-49.

（一）公共体育产业在现代城市经济中的地位

公共体育产业在现代经济中的地位，主要取决于公共体育产业的性质、发展规模及运行状况。

从公共体育产业的性质看，公共体育产业的主体产品是体育服务产品。体育服务产品是一种具有价值和使用价值的非实物形态的产品，公共体育产业提供的体育服务产品具有满足居民日趋丰富的生活需要的功能，使公共体育产业成为提高现代社会居民生活质量的重要产业类型。

从公共体育产业的发展规模看，随着社会生产力的提高和社会经济的发展，人们的体育意识和体育消费水平在不断提高，用于精神需求、满足享乐方面的开支相对增加，促进了以满足人们精神、享乐需求为主的公共体育产业的迅速发展，体育产业的产值和规模每年都以较快的速度不断扩大，进而在现代经济中占据重要的地位。

（二）公共体育产业对城市经济的影响

1.直接影响

直接影响包括GDP增长、产业结构、就业增长、投资环境改善等方面。公共体育产业对城市经济在很多方面都会产生影响，许多行业都与公共体育产业相关联，由于相关行业众多，这里只选取旅游业、建筑业、制造业等相关行业进行研究，并以与体育产业关系最为密切的设施的改善和提高、城市环境的改善、治安状况的改善等方面。

（1）公共体育产业对GDP增长的影响。GDP指的是一国在一年内所生产的所有最终产品和服务的市场价值之和。公共体育产业作为现代城市经济发展的一部分，其发展水平从一个侧面代表着一个城市的发展水平。体育在城市建设方面的地位集中反映在公共体育产业在社会经济发展中所扮演的角色。如享誉全球的意大利足球业的收入早已跻身国民经济十大支柱性产业。可以看出，公共体育产业在促进GDP增长方面起着重要的作用。

（2）公共体育产业对产业结构的影响。中国公共体育产业的快速形成和发展，不仅拓展了第三产业的领域，也在一定程度上提高了第三产业的增加值，起到了优化产业结构的作用。公共体育产业作为上游产业，它既能带动和促进第二产业中的一些相关行业的发展，也能带动和促进第三产业中一部分行业的发展，对整个现代经济总量扩张和结构调整都有一定的作用。

（3）公共体育产业对投资环境改善的影响。公共体育产业的发展，使得城市基础设施得以改善，第三产业大量兴起和服务范围的扩大，服务质量的提高，加之政府为公共体育产业所创造的宽松的政策环境，将吸引众多人才来城市居住。同时，生活环境和人文环境的改善，必将吸引大量投资，促进城市经济的发展。具有重大影响力的国际体育赛事对促进城市发展具有重要作用，城市可借助这一平台向世界展示其发展成果，利用赛事的综合功能推动城市的发展。世界各国的城市日渐认识到，举办体育赛事对提升城市形象是难得的绝佳机会。各种体育比赛，无论是奥运会、锦标赛还是其他各类大型比赛等，都会提升城市的体育形象。总之，公共体育产业的发展促进了投资环境的改善和城市影响力的增加。

2. 间接影响

（1）提高人力资本，吸引人才聚集。人力资本就是人类自身在经济生活中获得收益的能力，这种能力主要指劳动力质量。公共体育产业的发展必然要开展各种各样的体育活动，这些活动的开展可以提高公众对体育的认识，掀起全民参与体育锻炼的高潮，通过参加体育锻炼，增进健康，增强体质，来提高人力资本状况。像奥运会等的一些大型体育赛事是聚焦社会热点的社会文化活动，会引起青少年乃至全社会极大的关注，便于形成正确的、有利于开展体育活动的舆论导向，提高人力资本，间接提高社会生产力，促进城市经济发展。人力资本的形成是通过投资来实现的，人力资本投资的形式多种多样，其中最主要的是用于教育和培训的费用，其他还有用于医疗保健的费用以及个人和家庭用于变换就业机会的迁移费用等等。经济发展的关键是要重视和加强人力资本投资，提高人口质量，在社会经济的运行中积极开展医疗、卫生、保健、体育等方面的活动，有利于不断提高人口的素质。

公共体育产业需要许许多多的人来积极参与。参与的过程也是一个学习、提高的过程，参加大型体育赛事的运动员、观众来自世界各地，任何一个举办城市都需要对参加服务的人员进行相应的语言、礼仪等方面的培训。同时，在筹备大型体育赛事的过程中，周到、细致的服务也需要在比赛之前进行一定的培训。这些方面的培训对参与者素质的提高大有好处，同时对城市的其他人员也可以起到一定的促进作用。

当下全球公认的国际化大都市无一不再刻意打造浓郁的城市体育氛围，以吸引和留住高端人才，以及由他们引致的资本、技术和信息。这说明了体育文化建设和体育生活方式的打造，对一座城市集聚资本、人才、技术和信息资源，提升城市在全球网络中的地位，具有独特的作用。

（2）树立城市形象，形成地域品牌文化认同。城市形象问题已随着城市经济的日益发展而越来越成为一个重要问题而凸显出来。所谓"城市形象"，是指城市内部诸要素经过长期综合发展给人形成的一种潜在的和直观的反映和评价。它代表着城市的身份和个性，它反映着城市自然地理形态、历史文化的"文脉延伸"、产业结构特点、城市功能和整体视觉的特色。

品牌文化指通过赋予品牌深刻而丰富的文化内涵，建立鲜明的品牌定位，并充分利用各种强有效的内外部传播途径形成该市市民对自己城市的识别物（城市品牌）在精神上的高度认同，创造品牌信仰，最终形成强烈的品牌认可，大大增强城市的凝聚力。城市品牌文化是凝结在城市形象上的城市识别精华。

由于体育的大众性、参与性、通俗化及个体生活化、个性情感化的特点，透过体育塑造的城市形象品牌文化更能打动人，更容易让人接受，并内化为个人的生活需求、审美情趣、个性品质、情感诉求等精神需求，随着价值观念的不断升华，凝结成时代文明发展的精髓，渗透着对亲情、友情、爱情和真情的深情赞颂，成为健康向上、奋发有为的人生信条。并且可以生生不息，经久不衰，引领时代的潮流，改变人们的生活方式，甚至塑造几代人的价值观。

3. 对其他行业的发展影响

公共体育产业作为关联面极广的上游产业，除了满足人们的身心健康和需求，还极大地带动电子、食品、建筑、机械、纺织等制造业及旅游、证券、保险、广告等相关产业的发展。

（1）建筑业和制造业。城市为了在各类大型体育比赛期间接待来自世界各地的运动员、教练员、官员、观众和游客，保证城市人民生活的正常秩序，要对城市的体育场馆、交通、通信、电力等基础设施进行修建。与此同时，还需要建设大量的住房以保证城市新居民居住，改善原有居民的居住条件，建设一定数量的宾馆饭店满足游客居住，这将极大地促进房地产业的发展，大大加快城市基本建设的步伐。特别需要注意的是，这些新建筑不仅在设计上会独具匠心，而且在质量上也将达到极高的水平，成为城市新的人文景观，提升城市的城市化水平。建筑业的发展将极大地带动与其相关的设计行业、材料行业、制造业等的发展，没有这些行业的发展就不可能有高质量的建筑业，这些行业之间是相互联系、相互促进的。

公共体育产业对制造业的发展来说包括三方面：第一，是生产制造与新设施相配套的各种设备和对原来可利用设备的改造，以达到各项比赛的基本要求；第二，由于大型体育赛事是对全球进行电视转播的，因此通信器材方面的需求不仅数量巨大，而且技术含量要求极高；第三，是与各项比赛息息相关的体育比赛器材、运动服装、健身器械等的开发与制造，与公共体育产业有关的多种多样、数量众多的纪念品等等。公共体育产业发展的规模是空前的，由此体育产业也为各种与其相关的产品和设备的制造和销售提供了商机，促进制造业的发展。

（2）旅游业。现代社会旅游需求的迅速膨胀同这一时代的社会经济发展水平有着密不可分的关系。围绕着体育比赛，尤其是公共体育产业而进行的旅游是近年来兴起的一种旅游形式，这种旅游形式把观看体育比赛和对体育比赛举办国家、城市的旅游有机地结合在一起，使体育和旅游相互促进、协调发展。大型的体育比赛能吸引更多的观众观看，给体育比赛的举办城市带来数量可观的经济收入。城市的众多体育场馆设施将成为城市的重要人文景观，这些设施设计新颖独特、建筑气势恢宏，必将吸引越来越多的游客参观，因此要充分利用这些宝贵的人类文化遗产，继续为举办新的体育比赛、满足不同年龄人群进行身体锻炼和国内外的旅游服务，从而最大限度地发挥这些设施的社会效益和经济效益。现代旅游已不是一种单一的社会文化活动，而是建立在以经济活动为基础，把多种要素集合在一起的综合性社会文化活动。举办大型体育比赛，应该利用一切可供旅游的资源，积极为城市的经济发展服务，为前来观看比赛的观众在食、住、行、游、购、娱等各方面提供全方位的、便捷的服务，使体育与旅游更好地结合起来，提高大型体育比赛的经济效益。

（三）公共体育产业对城市发展的贡献

1.经济贡献

（1）直接经济贡献。包括体育竞赛表演和体育健身服务等主要行业在内的产业产值、产值增加值、就业人数及体育消费额等，描述的是公共体育产业在国民经济中的位置，意在强调公共体育产业所创造的新增收益对于城市生产总值的贡献。

从产业规模和增长速度来看，中国的体育产业都呈现出显著并快速地增长，逐步接近发达国家水平，并已随着市场的进一步开放、需求的日益增长及一些综合性赛事的契机而展现出可观的发展前景和日渐提升的经济地位。

（2）公共体育产业关联产业覆盖范围广，间接拉动经济的效果显著。如前所述，公共体育产业是产业关联性较强、对国民经济有强大辐射和波及作用的、可以带动相关部分产业部门发展的产业。可以分为直接关联产业和间接关联产业，前者包括体育用品、体育博彩、体育传媒等门类，后者包括建筑、地产、交通、旅游、通信、广告、传媒等行业。

（3）促进城市经济转型。城市管理者所实施的具体策略是修建或改造新的体育场馆设施，以参加大型赛会的申办竞争或争取成为项目联盟竞赛的主场所在地，重塑城市形象，把握公共体育产业和旅游业的高相关性，以吸引游客到访，为本地的人创造就业机会。将投资引向城市中发展较为惨淡的某个地区。自20世纪90年代起，发达国家这些受传统产业衰退影响而面临危机的城市又逐步恢复了生机与活力，重获新机遇，踏上城市再发展轨道的体育娱乐倾斜政策固然不是唯一也绝非最大的成功要素，但它却真实地在城市更新中发挥了自身价值。直到今天，主办体育赛事依然是这些城市频繁采取的一种城市营销工具，而且随着经济全球化的大势所趋，借助体育经营城市的理念更在世界范围内传播开来，也被发展中国家的城市所广泛借鉴。

2.社会和文化系统的贡献

（1）提高社会凝聚力。在现代城市中，人们被汽车工业和手机工业隔离成彼此不相往来的个体，热情澎湃与齐心一致的社群体验，带给他们久违的体验和感受。人们在内心深处渴望并寻觅这种集体热情，体育竞赛与娱乐正是一个合适的媒介。

（2）促进身心健康。因生活方式而导致的健康问题是当代城市疾病的主要成因，成为城市经济持续发展的一个隐忧。适当的体育运动能够促进身心健康，预防所谓现代城市病的产生。发展体育健身服务业，促进更多人参与到体育中来，满足他们多样化的体育需求，是促进个体健康、发展良好生活方式、提高生活质量和维护社会人力资本的有效手段。

（3）发展独特的城市文化。城市文化的贡献力正日益成为提升城市综合实力的强大引擎之一，发展公共体育产业是构建城市文化的重要组成部分与载体。在每个城市的发展中，文化正扮演着越来越重要的角色。几乎每个特大城市里，都有大型的剧院、图书馆、博物馆、艺术团体、高水平的科研机构、高等院校、体育场馆和体育俱乐部。在这些具有城市代表性的文化设施特征中，就包括了体育场馆和体育俱乐部。发展以公共体育产业为代表的文化产业，在塑造和传达城市形象方面有着得天独厚的优势，将是任何一个以创建国际一流大都市为目标的城市所不应忽视的，它对于和谐城市的构建亦有着意义非凡的价值。相比短期可见的经济贡献，公共体育产业对城市社会和文化体系的贡献是深远、综合且无形的。

三、城市发展对公共体育产业的促进与提升

（一）城市总体的经济发展是基础

GDP和居民收入水平的持续、较快速度的增长是体育产业发展的前提条件和根本保证。现在，虽然我们在强调如何通过发展体育产业来拉动经济增长，但是也没有忘记，体育产业的发展从根本上讲是要依靠经济增长来拉动的，没有GDP的持续增长和人们收入水平的不断提高，体育产业的发展和体育市场的繁荣是不可能的。所以二者之间是双向拉动，但前者是基础、是前提。城市化的发展促进城市居民人均收入逐步提高，带来消费偏好的转变和购买力的提升，为公共体育产业的兴盛注入了有效的消费需求。人们在解决基本的温饱需求后，越来越多地关注文化娱乐方面的消费项目，更加重视在个人发展和生活享受方面的投入。城市居民购买力逐步增强以及文化消费需求日益迫切的态势，将刺激着作为重要文化市场之一的体育市场发展成为城市消费的新兴热点市场，体育休闲娱乐消费将成为社会大众的日常消费，而不再只是属于少数中高收入者的奢侈消费。

（二）产业结构升级提供难得的机遇

伴随城市化脚步而出现的服务业地位不断提升的产业结构环境使公共体育产业有潜力在地方国民经济系统中占得一席之地。理论探索和实践经验均表明，工业现代化的程度越高，服务业的发展越积极活跃。随着社会经济的发展，社会

对服务业的要求日趋精细、全面。服务业逐渐占据现代城市国民经济的主导地位，是城市化发展过程中的一个主要趋势。随着城市化水平的提高，城市发展对工业发展的依赖度开始下降，对服务业发展的依赖度开始上升。正是在服务经济的环境下，公共体育产业才有可能从其他服务业中脱离出来，作为一个独立的第三产业门类走上自我发展、自我完善的高级阶段，并在大文化产业、服务业乃至地方国民经济体系中占据越来越重要的位置。同时，城市化发达阶段，制造业与通信、交通、金融、传媒等生产生活服务业的完善配套，也为公共体育产业的推进提供了坚实的产业支撑平台。

产业结构调整和升级能为公共体育产业的发展提供三个方面的有利条件：

（1）公共体育产业能得到国家产业政策的扶持，包括投资融资的优惠政策、税收减免的优惠政策、用工用地的优惠政策等。

（2）产业结构调整会给公共体育产业带来更多的社会投资。公共体育产业可以说是朝阳产业，随着产业结构调整步伐的加快，在公共体育产业中投资的回报率将明显高于社会投资的平均利润率，这就会出现各种资本向公共体育产业流动的良好态势。对任何一项产业来说，充足的资本注入都是产业规模和效益提高的必备前提。

（3）产业结构调整会给公共体育产业带来更多高素质的经营管理人才。在工业化时代，高素质的经营管理人才主要集中在制造业，而在后工业化时代，高素质的经营管理人才由制造业向服务业转移。公共体育产业是后工业化时代的主导产业之一，产业结构调整的力度愈大，公共体育产业集聚高素质人才的优势也就愈明显，而高素质专业化人才对公共体育产业这样一个具有无限发展可能性的行业来说更是至关重要的。

（三）城市休闲时代的来临提升了公共体育产业的发展空间

科学技术的进步及其广泛运用，为休闲社会的来临提供了物质基础和充裕的时间。许多国家随着工作时间的相应减少，新的选择是要么增加失业人口，要么缩短所有人的工作时间、增加闲暇时间，使休闲娱乐社会化、终身化。人们选择了后者，休闲成为现代化成熟以后发达国家日益看重的领域，成为人类可持续发展至关重要的途径。信息革命也作出贡献，使人们花费在工作和家务劳动上的时间越来越少，生活中超过一半的时间可用于休闲，体育也进入生活，中国正在不可避免地迈向这条道路。

在经济发达城市和地域，特别是京津冀、珠江三角洲、长江三角洲经济圈，率先发展的前沿地区已经提前涌现了休闲的巨大需求，人们在越来越短的工作时间之外看到了即将到来的休闲时代。但是，空闲时间多并不会自然而然地导致"休闲"，物理意义上的"空闲"并不能给人们带来真正意义上的身心满足，需要我们积极主动地用体育等活动去充填，面向大众的公共体育产业正好迎合了休闲这一时代背景，从而需要构筑坚实的发展平台。[1]

第三节　公共体育产业对城市发展的选择与建设

一、公共体育产业对现代城市发展的选择

（一）城市地域公共体育产业发展的路径选择

1.提升城市的综合竞争力

全球化使得城市之间的竞争出现了一种新的变化，那就是城市之间的竞争由过去的逐量求大向现在的重质求强的转变。城市在区域的影响力成为竞争的关键。事实上，现在的世界地图有两张：一张是世界地理地图，在这张地图上每一个城市都能清楚地找到自己的坐标；另一张是世界影响力地图，在这张地图上却不是每个城市都标注其中的，即使曾经是在工业化时代显赫一时的重镇，也未必会有位置。因此，如何使自己的城市能载入世界影响力地图，正在成为城市管理者最关心的事。

2.重塑城市形象

城市形象是城市生产和生活方式的文化凝练，是城市的传播符号和文化名片。每一座城市由于历史、地理、自然、文化、产业等方面先天和后天的禀赋不同，在长期的历史积淀中都会形成独特的外显意象表征，即城市形象。只不过在不同的历史时期，代表城市形象的标志物则会随着时代的发展有所变化。到后工业化时代，代表一座城市形象的标志物开始由原来物质化的"硬标志"转变为文化的"软标志"，包括体育、文化、艺术在内的"大事件"成了标注城市新形象的首选。

---

[1]　徐亚妮.体育产业与现代城市发展[M].兰州:甘肃文化出版社,2011:128-214.

3.带动城市转型

现代城市是一个按照社会达尔文主义不断演进的"有机体",城市为了自身的生存与发展必须不断地吐故纳新,必须不断地培育和打造城市核心竞争力,以适应愈来愈严酷的全球化竞争。城市发展转型就是城市根据自身不断变化的内外环境和主客观条件,动态地培育和打造城市新的核心竞争力的努力和实践。

我国的福建省晋江市是一个坐落于东南沿海的、截至目前常住人口206万的县级市。该市在过去的三十年中,把握全球制造业转移的重大机遇,利用侨乡独有的吸纳海外投资的能力,大力发展加工工业,形成纺织、服装、制鞋、车辆机械、纸制品等十大产业集群。然而随着晋江工业化进程的不断加速和城市化水平的不断跃升,以加工工业为支柱的发展模式受到来自环境、资源和人的素质的约束度不断加大。同时,已经成长起来的一批龙头企业也因城市形象、环境和综合配套能力弱而意欲将公司总部、运营中心、销售中心或研发中心迁往北京、上海、厦门。

在这样的背景下,晋江市委、市政府提出了"建设国家公共体育产业基地,打造中国体育城市"的城市转型战略。战略的基本点是,抓住省委、省政府建设海峡两岸经济区和国家体育总局授予晋江国家级公共体育产业基地的战略机遇,利用晋江独特的区位优势和产业优势,进一步吸纳和整合各类资源,建设体育产业功能集聚区,促进城乡互动和产业联动,推动经济、社会和人的全面协调发展,为晋江的率先发展、跨越发展注入活力、动力、魅力和可持续发展力。为此,晋江市政府请国家体育总局体育科学研究所研究并制定了"中国晋江公共体育产业发展规划",规划提出了"一带二地一中心"的战略布局,"一带"就是在沿海大通道两侧的67.7km的地域规划和建设具有国际一流水准的,集大众健身、竞赛表演、运动训练、商贸会展、体育生活化社区、旅游休憩为一体的滨海运动休闲产业带;"二地"就是打造全球体育装备制造业基地和国家级运动训练基地;"一中心"就是打造全国体育赛事中心城市。目标是以体育为媒介和平台,带动城市活力再生、城市功能再造、城市形象重塑和城市品位跃升。

4.打造旅游目的地

体育在促进城市发展中的作用,一个重要方面就是它可以帮助城市打造以体育为主题的新型旅游目的地。

我国"冰城"哈尔滨，地处东北亚中心位置，被誉为欧亚大陆桥的明珠，是一座具有异国情调的美丽城市。这里冬长夏短，有着极为丰富的冰雪资源。近年来，该市在城市发展中利用独特的自然环境和世界冰雪文化发源地之一的优势，大打"冰雪牌"，全力培育和发展冰雪旅游产业。每年一度的哈尔滨国际冰雪节截至目前已举办了36届。作为冰雪艺术和冰灯的发源地，哈尔滨国际冰雪节已位列世界四大冰雪节之一。同时，近年来，哈尔滨还先后举办、积极申办和承办各类国际和国内有影响的冰雪赛事。哈尔滨先后承办了第24届世界大学生冬季运动会、第3届亚洲冬季运动会、全国速滑锦标赛、世界青少年花样滑冰大奖赛等一系列国内外冰雪赛事，极大地提升了该市冰雪资源的国际影响力。目前，"北国冰城"哈尔滨已经成为我国乃至亚洲著名的冰雪运动旅游目的地。

5.促进城市公共体育产业集群或功能区的形成与发展

城市发展对现代体育的需求，除了借体育的影响力来改善城市形象、提升城市的影响力一个更为实际的诉求就是要培育城市经济新的增长点，促进公共体育产业功能区或集聚区在城市的形成与发展。

我国的首都——北京，自2008年成功举办奥林匹克运动会以来，体育氛围日益浓郁，大众体育消费日益活跃。坐落在北京东二环与东三环之间的北京工人体育场（馆），毗邻使馆区和三里屯酒吧一条街，独特的区位优势和"工体"的带头和辐射作用，使这一区域成为首都最具特色的体育文化产业功能集聚区。北京工人体育场是北京球迷和歌迷共同的"圣地"，这里不仅是北京国安足球俱乐部的主场，举办过奥运会足球比赛、亚洲杯足球赛以及重要的国际足球赛事，而且也是国内外演艺明星举办演唱会的首选之地。"工体"每年举办的重大足球赛事超过20场，有影响力的歌星演唱会和大型文艺活动超过40场。常年开办韩国跆拳道、日本剑道、拉丁舞培训和各类体育主题的夏令营和冬令营，以及利用外场举办轮滑、BMX小轮车、U型滑板等极限运动赛事。同时，"工体"以举办体育赛事和活动为龙头，集聚人气，开展多种经营，吸引其他相关服务业进驻"工体"。

目前，"工体"利用看台下的裙房经营一家三星级的特色运动酒店（200间客房）和一家国际青年旅馆，"工体"首层用于办公和体育用品销售的房屋出租率达到100%。"工体"还打造了创吉尼斯世界纪录的"工体100"保龄球馆、亚洲独具特色的"工体富国海底世界"、中国最大的室内儿童游乐项目——"工体翻斗乐"以及"锦都久缘""有景阁"等10家特色餐饮业，成为北京体育服务业与相关产业著名的集聚地。与此同时，"工体"作为这一区域的龙头还充分发挥辐射效应，带动周边的文化娱乐业，特别是个性化时装、特色餐饮和酒吧的发展。这里聚集了"唐会""MIX""VICE"等10多家酒吧，成为备受白领和外国游客推崇的时尚夜生活的首选之地。如今，一个以"工体"为中心的工体娱乐圈已经形成并蜚声海外。"工体"自身也成了年经营收入超亿元的大型体育设施，其综合开发收益之好、带动辐射效应之强，也堪称典范。

6.增加就业

公共体育产业是主打健康和娱乐牌的生活型消费服务业。对广大消费者来说，它是提高生命质量和生活质量的不二选择；对城市政府而言，它是保增长、调结构、促就业、重民生的重要选择。同时，公共体育产业也是大文化产业、大生活产业的有机组成部分，而这样的产业特征和运作趋势，就使得公共体育产业在促进社会就业方面表现出强劲的功效。

7.提高居民的生活品质

一个城市对市民的呵护和关爱，首先就是对市民健康的呵护和关爱。我国的北京、上海之所以能吸引并留住高端人才，一个显在的缘由，就是它们能够提供比其他城市更为丰富的体育文化形态和体育生活方式。一座城市的文化生活方式以及由此形成的文化品位，对市民生活品质的认同有直接的影响。

（二）城市地域公共体育产业发展的要素选择

1.自然资源（地理环境等）

体育的产生和发展与自然地理环境有着密切的关系，从某种意义上说，体育是人与自然的互动，任何体育运动都离不开对自然的依恋。体育自然资源是指自然环境中人类现在和将来可以直接获得或加以利用，可用于与体育相关的生产和生活的物质、能量和条件。体育自然地理环境影响着公共体育产业的布局，人们选择适应本地特色的体育运动项目，开展特色体育旅游就是一个很好的例子。考察公共体育产业发展的自然资源要素优劣，应与考察工农业等产业有所区别，一些恶劣的不适于工农业生产的自然环境，却能够给体育运动参加者带来一种特殊的体验，例如广袤的沙漠虽不利于国民经济总体的发展，但却为开展沙漠体育探险活动提供了丰富的资源基础。总的来说，与体育有关联的自然资源包括地文、水文、气候、生物、地理区位等。

2.人文资源

人文资源是指可以用于与体育相关的生产、生活的社会文化事务。体育人文资源是个内涵极为丰富的概念，可以分为以下三个方面：

（1）文化资源。主要包括长期历史积淀而浓缩沿袭至今的体育文化资源和属于文化范畴的少数民族体育资源，以及为了体育活动的开展而创造的当代体育文化资源等。

（2）精神资源。主要包括人们的体育理想、对体育的观念等。精神资源并不直接构成公共体育产业的生产要素，它更多体现为人们对体育消费的认可程度，影响着体育消费市场的发育程度。

（3）社会资源。在这里主要指由关系、管理体制、人口所构成的社会及人文的有关于公共体育产业发展的环境资源。一个地区的人口数量、人口素质、人口结构、人口分布及迁移都会对公共体育产业发展产生重要影响。对于经济水平较为接近的地区来说，人口总量及其对体育和体育消费的接受程度，对产业开发具有非常重要的意义。

3.人力、技术资源

人力资源是指一个国家或地区的人口总体所具有的劳动能力的总和，是存在于人的自然生命机体中的一种经济资源，它以人口为存在的自然基础。具体到公共体育产业上来说，则是指接过经营管理训练的公共体育产业开发人员，以及为公共体育产业提供产品或技术服务的人员的能力总和。具体来说，这些人员包括体育经营管理人员、体育管理人员、运动员、教练员、体育教师、体育科技人员等。考察体育人力资源，要从数量、质量两个方面着手。拥有不断增长的从事公共体育产业相关工作的人口，对公共体育产业的发展是十分必要的，但更为重要的是人力资源的质量。复杂劳动等于加倍的简单劳动。一般来说，复杂劳动只能由高质量的人力资源来从事。公共体育产业的很多重要方面，例如体育竞赛表演、体育经纪人、体育咨询、体育科技与教育培训、体育医疗康复等，这就需要专门的知识技能，且不是没有经过训练的人短时间就可以掌握的，所以对人力资源的质量提出了更高的要求。

技术资源不仅包括技术本身，还包括技术装备、信息、组织、人力、专利以及技术能力等。技术水平的高低以及不同地区技术水平的差异都影响着技术分工、区域分工和产业布局。一是技术决定着体育自然资源开发利用的深度与广度；二是技术影响着公共体育产业结构。不同地区技术水平的差异，会导致不同的产业结构。另外，技术的进步，尤其是高新技术的发展，也会引起产业结构不断地发生变化。

4.信息资源

体育信息资源是指体育事业发展过程中各个领域、各个层次产生和使用的文字、图像、数据、声音等方面的总和。公共体育产业化发展的成熟程度与体育信息披露的透明度、迅捷性、便利性有密切的关系。因此，大力提高信息资源配置水平和程度促使各类信息得以充分传播与交流，才能更好地发挥市场机制在体育资源配置中的基础作用，才能促进公共体育产业发展。考察公共体育产业的信息化，应从信息资源、信息技术应用、信息网络、信息技术产业、信息化人才、信息化政策法规和标准规范等方面入手，其中信息资源处于核心地位，是信息技术应用和信息基础设施的服务基础。

5.资本资源

资本资源是指以资本为存在形态的资源，能够从市场上购买到生产所需要的所有要素。资本充足与否对公共体育产业布局具有重要影响，公共体育产业是新兴产业，与其他新兴产业一样，公共体育产业对资本的需求量是非常大的。尤其是其中的体育电视转播业、体育空间业、职业俱乐部及体育竞赛表演业等对资金投入有很高的要求。比如体育电视转播业，尤其是国际赛事转播，人员设备的移动，租用场地、卫星，购置转播权等都需要大量的资金。有些超大型比赛，如奥运会、世界杯足球赛等，仅转播权获得就要花费数亿美元，往往是多家机构共同协作才能满足资金需求。再比如在体育空间设施的建设中，虽然劳动力在其中占了较大比重，但资本量大小是进行资质认定的重要依据，资本投入的多少，在一定程度上决定着体育设施建设的进度与质量。

6.制度供给

政府所具有的强大优势决定了政府是制度的主要供给者。政府能否提供有利于公共体育产业发展的制度环境，对公共体育产业的健康有序发展起着重要的制约作用。以职业体育为例,当地政府的态度对其发展来说是首要因素。对公共体育产业制度供给进行考察,应主要从公共体育产业管理体制、制度保障、运营机制等方面入手。

(三)城市地域公共体育产业发展的结构选择

1.城市公共体育产业发展的战略定位

区域公共体育产业发展战略定位是根据区域经济发展的现实水平和基础,通过分析区域体育发展所具备的条件、所处的环境,分析区域在全国或地域分工中的作用和地位,是对区域体育发展在国家、大区甚至国际发展中所占据的地位、所起的作用、所承担的功能的准确判断和勾画。制定城市区域体育发展战略首先必须进行准确的战略定位,战略定位是制定体育发展战略的关键和难点所在。按照现代化城市的定位功能与文化背景,根据地区人文、地理等环境特点,制定符合本城市地域公共体育产业,将积极培养公共体育产业人才、构建城市产业及相关产业体系作为其战略定位,清晰的战略定位将加快城市地域公共体育产业发展的规模与速度。

2.城市公共体育产业发展的战略优势

选择能够最大限度地发挥本城市区域公共体育产业优势的发展战略,是制定本地区公共体育产业发展战略的重要指导思想之一。城市产业的优势既是历史形成的,又是会发生变化的,对区域公共体育产业发展的地域优势、资源优势、经济基础优势、体育人才优势等进行全新审视,分析哪些优势已经变成平势或劣势,哪些优势尚未充分发挥出来,哪些优势是发展潜力巨大的潜在优势。如西部地区地貌形势丰富多样、自然景色独特,利用其优势发展独特赛事及开发相关产业快速拓展,对这一地区的整个公共体育产业都具有举足轻重的重要战略意义,同时还是一条加强外部文化交流、提升城市影响力的纽带。因此,要用动态变化的观点来研究不同区域体育所占据的优势,着眼于现实优势,积极发挥潜在优势,才能正确确定区域公共体育产业发展的方向。

3.城市公共体育产业发展的战略机遇

从城市发展角度分析,加快产业发展一要靠机制,二则靠机遇。完善的系统机制是城市公共体育产业发展的根本,而机遇则成为城市公共体育产业能够跨越式发展的"催化剂"。长江三角洲地区的经济、社会发展,为该地区产业的发展提供了极为有利的条件，而2010年上海世博会的举办，则成为长江三角洲地区公共体育产业进一步发展和优化的重要契机，这不仅为上海新一轮发展提供了"助动力"，也为长江三角洲城市发展提供了一次千载难逢的新机遇。世博会将同样促进长三角城市间体育的合作与发展，全面提升苏、浙、沪体育的综合竞争力。以京津冀为代表的城市区域更是紧紧抓住北京成功举办2008年奥运会的有利时机，加快完善城市基础设施建设，构建全民健身服务体系，努力提升城市形象，大力发展公共体育产业，依法行政、依法治体、科教兴体，充分发挥体育在京津冀城市地域的产业优势，实现全面建成小康社会的重要作用。机遇会在犹豫中丧失，差距会在等待中拉大，因此努力寻求战略机遇在促进城市区域公共体育产业发展过程中不可或缺。

4.城市公共体育产业发展战略的方针

战略方针是实现公共体育产业发展战略而采取的发展方式的理论概括，既要体现战略意图和战略思路，又要在分析和判断城市区域公共体育产业发展所面临的各种现实问题的基础上反映区情的客观要求，它在战略目标和区域现实之间架起一条可以通达的桥梁。以城市全民健身为主要内容的群众体育和以城市体育赛事竞技表演为主要手段的竞技体育相互促进、协调发展，是城市公共体育产业的发展战略要求。在这一要求指引下，结合各城市实际情况形成区域公共体育产业发展战略的指导思想。

5.城市公共体育产业发展战略的目标

战略目标是战略制定者希望在战略的期限内通过对区域内部体育资源的优化和合理利用，促使公共体育产业发展达到预期的目标和状态。竞技体育指标包括奥运会、亚运会、全运会的成绩，后备人才情况，承办国内大型综合性比赛的条件和能力。群众体育指标包括先进区镇的数量、特色项目和各类运动会成绩、体育人口、人均场地、体质水平。公共体育产业指标包括竞赛市场盈利、体育彩票销售总额、国内外公共体育产业品牌、场馆利用率、公共体育产业占GDP的份额。这些都构成了区域体育产业发展战略目标所必须实现的指标体系。由上述可知，在进行区域公共体育产业发展战略总体轮廓设计之前，必须首先决定区域体育发展的总体目标。如果战略目标不明确，区域体育发展将失去激励的方向而变得漫无目的。

6.城市公共体育产业发展战略的重点

战略重点是根据区域公共体育产业各项条件和发展方向而确定的重点培育和扶持的地区产业形式、主导项目及体育消费市场等，是为了实现战略目标而寻找的战略突破口，是关系到城市公共体育产业发展战略成败的关键性工作。选择战略重点，可以集中投入、集中建设，以带动全区域体育的发展。其中，以举国体制下的区域竞技体育发展最具代表性，基本都着眼于构建区域竞技体育发展的动力系统，抓住主要矛盾愈益完善，走科技创新之路，营造体育人才成长的和谐环境。北京奥运会后我国提出，继续保持优势项目水平，培育潜优势项目，努力形成符合各自区域体育发展优势。建立与当地经济、资源优势相契合的主导项目，以主导项目来带动各区域竞技体育的全面、持续、快速发展。上述作为区域体育战略重点的选择，既有利于加快实现总体战略目标，又体现了战略方针的要求，从而形成竞技体育与城市经济的有利结合，体育事业发展与体育产业发展的有效结合，实现城市体育事业与产业的双轮驱动，协同发展。

7.城市公共体育产业发展战略的部署

战略部署是区域公共体育产业发展战略的空间体现和地域依托，它关系到区域产业空间的历史布局和未来布局，也关系到区域内部产业部门和地方的局部利益。广东省作为珠江三角洲区域经济发展的龙头，为促进城市产业与公共体育产业协调发展，需要进行结构布局的调整。目前，能够对经济欠发达的东西两翼和粤北地区体育产业产生根本性调整作用的就是产业政策上的决定性调整。经济欠发达地区在城市产业较落后的情况下，不可能把主要精力转向体育产业。在政策上，公共体育产业仍然是评价一个地区体育发展水平先进与落后的重要标志。因此，广东省的体育发展将立足点放在了区域体育政策结构的调整上。在进行战略部署时，一定要根据区域公共体育产业发展的现状部署格局，结合非均衡发展理论和梯度转移理论，选出能够带动区域经济全面进步具有代表性的发展模式，形成区域竞技体育、群众体育、公共体育产业有机结合的空间结构体系。

8.城市公共体育产业发展战略的措施

战略措施是贯彻战略方针、实现战略目标的步骤和途径，是实施战略的手段，是战略目标得以一步一步落实的前提，是战略目标、战略方针、战略部署进一步具体化的行动措施。公共体育产业战略措施包括实施战略的相应决策组织机构、资源分配、专项资金的投放、先进科技的利用、政治经济政策的运用以及对发展城市产业规模和结构的控制、激励协调等手段和途径。因此，战略措施的制定一定要全面、到位，缺少一个环节，整个战略的实施就可能受阻，战略目标就不能顺利实现。

二、公共体育产业在城市化发展中的建设

（一）以体育赛事为纽带，引导城市战略转型

城市往往因其所具备的优越自然地理区位、良好的城市基础设施条件以及经济社会和人文环境等因素，成为几乎所有体育赛事落户和进行的主要场所。纵览国际体育大赛的举办地，会发现它们过多地集中于欧美等发达国家的大城市。相比健身休闲服务业的基础性和支柱性作用，体育赛事经济是对城市公共体育产业来说更具外显性和标志性意义的行业。一些重要的体育赛事活动以其广泛的影响力及对城市经济、文化、社会发展所带来的综合效应而得到城市管理者的青睐，成为国际间城市竞争的重要因素。已经有不少城市经营的案例表明，体育赛事先导的城市发展促使计划频繁地出现在不少发达国家的城市经营战略中，有的甚至作为先导活动被置于十分重要的战略地位，意在重塑城市形象，吸引资源注入，调整经济结构，提升城市竞争力。这些城市既包括已步入后工业社会意欲转型的老牌工业城市，也有正在加速工业化进程意欲树立形象的现代新兴城市，可见以体育赛事经济为代表的公共体育产业对于城市发展的意义所在。

（二）积极引进品牌赛事，提升城市国际形象与地位

发达的体育和娱乐文化设施不仅是高品质的、具有说服力的成功象征，也成为有别于其他城市的特色所在。体育娱乐特别是赛事先导战略对都市发展的具有重要价值，21世纪以来，以体育促城市发展的策略也开始为我国大中城市管理者所用，其中以上海为运用精品体育赛事打造国际大都市地位的典范代表。[1]

若论举办国际赛事的种类、数量、等级和投入，上海无疑是近年来我国几大城市中受到世界关注最多的翘楚。在赛事的选择上，上海的定位尤其明确，那些能够符合其打造国际大都市地位的世界顶级赛事才是争取目标。从网球、篮球、田径、乒乓球到汽车、摩托艇，涵盖多种运动项目，兼顾多层面体育消费

---

[1] 苏心.打造品牌体育赛事培育城市高质量发展新动能[J].宁波经济（三江论坛），2021（7）：21-24；40.

群；从大师杯、NBA、世界锦标赛、黄金大奖赛到F1，级别档次皆一流。这类国际顶尖赛事的举办，正是上海创建国际大都市发展战略中的重要内容，体育以其最能赢得关注的形式与城市发展紧密联系在一起，由体育引发的商圈几乎涵盖了整个城市。

可以说，体育给城市带来的巨大社会资源和经济资源、体育所产生的世界性知名度和影响力、上海以其接连不断的大手笔招徕国际顶尖赛事的行动给予了肯定的回答。上海的国际知名度不断攀升，成为与首都齐名的中国城市，通过系列体育大赛的经营，确实收到"把上海推向世界，让世界认识上海"的预期效果。

（三）打造体育赛事产业，增强城市综合竞争力

1. 提升城市经济实力竞争力

大型体育赛事作为一种"眼球事件"，从公共体育产业的发展角度来看也是一种可以产生效用的服务产业，拥有巨大的现实基础和开发潜力。在全球化不断加快的进程中，再度促进了公共体育产业的发展及其重要性的凸显，使公共体育产业与城市竞争力的相互作用日渐凸显。体育产业以其巨大的文化附加值及其对相关产业的带动作用，正在使整个城市增值，并以巨额利润吸引了越来越多的投资者；而它所催生的城市新环境又加快城市人流、资金流、物流和信息流的流动速度，从而大大提升了现代城市的集聚和扩散功能，使城市经济得到更大发展。

大型体育赛事作为一种具有观赏价值的服务产品，能够聚集大量观众观赏而形成大规模公众场合，必然引起社会普遍的关注和重视，成为大众关注的焦点，因此使赛事拥有了巨大的无形资产和极高的商业媒介价值。首先，大型体育赛事的举办会极大地提高举办城市的知名度，同时，为举办城市带来大量外来消费群体，使旅游业、服务业等的消费增加。其次，大型体育赛事为举办城市的相关企业提供了向世界展示其良好形象的机会，有些企业甚至借助举办赛事的机会一举成长为世界知名的企业。同时，由于赛事对人们体育热情的激发作用，也使得城市里体育用品和体育观赏消费人群有增大的趋势，这也为公共体育产业的发展提供了良好的外部刺激动力。

2.提升城市基础设施竞争力

基础设施是为城市生产和人民生活提供基础条件的具有公共服务性质的行业的设备、设施，是一个城市基本建设的硬件系统，是城市经济、社会活动的基本承载体，是城市社会经济活动正常运转和保障人民生活的物质基础，它集中体现了城市建设的水平。

由于举办大型体育赛事不仅要有高规格的体育比赛场馆，而且要有高度发达的内外交通、高效优质的通信服务、充足的水电供应、良好的废污处理和可靠的防灾系统等配套设施，因此大型体育赛事的举办往往伴随着较大规模市政基础设施的改造和兴建。这些城市的基础设施建设、市容环境改造工作以及一大批造型特异靓丽的体育场馆，极大地丰满了城市视觉（景观）形象，直接促进了城市竞争力和城市形象的提升。

3.提升城市科技创新竞争力

科学技术是第一生产力。科技创新是建设创新型城市，转变经济增长方式的有力支撑。科技创新永远是城市发展的动力源泉，是实现增量发展和跨越式发展的需要，对城市竞争力贡献具有倍增效应，是城市竞争力决定性的推动力，也是衡量科学技术对城市社会和经济发展推动作用的一个重要依据。

例如，搭建北京奥运会主会场"鸟巢"的材料是全部自主研制的Q460E高强度钢，打破了这种钢材依赖国外进口的历史；"水立方"是世界唯一一个完全由膜结构来进行全封闭的公共建筑，也是唯一把膜作为功能性外维护结构的建筑；北京工业大学体育馆"大跨度预应力弦支穹顶"填补了国内该领域的空白，为我国预应力钢结构工程提供了重要的科学依据；"北大"体育馆虹吸系统进行屋面排水，给北京补充了大量的地下水……城市科技创新能力既是国家科技创新能力的具体化，又是城市范围内企业技术创新能力的综合与集成。祖国建设创新型国家的步伐必将进一步加速，我国科技事业将会更快、更好地发展。

4.提升城市国际化竞争力

国际化是城市竞争力的重要状态和制度力量，为城市经济资源在全球范围内实现有效配置提供了必需的条件。国际化和开放程度体现了城市参与国际分工的深入程度，表现为一个城市为带动区域内经济的发展在国际市场进行国际贸易和国际融资的能力，体现着一个城市吸引力和扩散、辐射作用的大小。

从大众视角来说，一个城市的最终品牌化就是让人们了解和知道某一区域，并将某种形象和联想与这个城市的存在自然联系在一起，让它的精神融入城市的每一座建筑之中，让竞争与生命和这个城市共存。举办大型体育赛事是一项庞大的系统工程，具有强大的国际、国内展示功能，这使举办城市在筹备和举办的过程中可以全方位充分地向世界展示自己。在举办一次成功的大型国际体育赛事后，举办国的声望往往会获得相当程度的提高。城市的历史文化积淀越深厚、历史建筑遗存越丰富，它的景观特色就愈强烈，城市形象也就越丰富和迷人，城市的国际影响力就越大。通过举办大型国际体育赛事，举办城市将自己的城市文化充分展示在世人面前，借助新闻媒体的宣传报道，举办地的城市文化得以迅速走向世界，国际影响力得以增强。

5.提升城市政府管理竞争力

政府管理竞争力是城市竞争力的重要协同力量，是影响城市竞争力的重要因素。政府管理竞争力包含政府规划能力、政府营销能力、政府凝聚力、政府财政能力、政府执法能力、政府服务能力、政府创新能力等内容。在增强城市竞争力中，政府有不可替代的重要作用，但是，政府不应是经济发展的直接提供者和简单的行政干预者，而应是城市经济与社会发展战略的制定者、公共服务的提供者、经济与社会发展环境的改善者、规则的制定与监管者。

大型体育赛事的举办是一项涉及人力资源调配、安全保障、赛事推广经营、资金的筹措与使用等经济、文化、社会发展的诸多方面，政府相关部门如果没有很强的组织协调运作能力，将很难保证大赛的顺利进行，因此举办城市政府的配合及协调能力对大赛能否成功举办具有决定性的影响。由于大型体育赛事有其自身的特点，对政府工作人员的工作能力、工作态度提出了很高的要求，要保证赛事的顺利举办，政府相关工作人员必将努力提高自身业务素质，全心全意地投入赛事工作中，从而在赛事举办过程中各个方面得到了很好的锻炼，即赛事的规范化运作能够促进政府服务水平和行政能力等各方面的提高，促进举办城市政府的行政手段更加法治化、规范化；另一方面，重大体育赛事由于其自身运作要求很高，赛事的成功举办也就为举办城市的政府各相关部门贴上了高效、勤政、廉洁的标签，无疑会极大地提升政府在各界的良好形象。

（四）发展体育经济产业，营造城市经济新的增长极

1.公共体育产业成为新的增长极的动力机制

（1）我国体育事业蓬勃发展，体育人口在总人口比较重，城乡居民的体育价值观念基本形成，在经济发达地区，人们已经逐步形成"花钱买健康"的观念。运动竞赛已经形成传统，成为一笔巨大的体育资源，体育消费市场已经初具规模，公共体育产业的概念也已为社会接受。

（2）我国的体育用品产业得到了长足进步，有了较大的发展规模，许多产品已经打进国际市场。我国兴修的数百万个共有体育场馆是公共体育产业发展的物质基础。

（3）我国正在进行的产业结构调整，十分有利于作为第三产业的公共体育产业的发展，我国的都市化进程也十分有利于以城市为发展基础的体育产业的生长；我国社会的老年化健身发展趋势，开辟了一个巨大的健身市场，向公共体育产业提出了更高的要求；我国城乡居民余暇时间的增加，为依附于在休闲、娱乐、消遣活动身上的公共体育产业提供了越来越丰富的时间条件。

（4）公共体育产业本身还具备以下特殊的有利发展条件：①体育服务产业是一种"节能工业"，消耗能源少，不会造成环境污染，符合转变经济增长方式的要求；②体育服务是一种劳动密集的行业，可以提供较多的就业机会；③公共体育产业是一种上游产业，可以带动纺织、机械、建筑、电子、营养品、食品等制造业，以及旅游、保险、博彩等相关产业的发展；④公共体育产业的消费层次分明，可以满足不同阶层的消费需求。

2.打造区域中心城市公共体育产业"增长极"

打造区域中心城市公共体育产业"增长极"，符合当前我国体育产业发展的理论与现实选择，国家和地方政府应根据合理布局、主次相递的原则确立优先发展城市，并给予一定的政策扶植。

国家可以把北京、上海、广州这些具有全国及国际影响力的城市作为发展的第一层次，充分利用这些城市的经济与科技实力、城市对全国整体的影响等，建立国家级体育产业基地。再选择一些如深圳、苏州、杭州、天津、宁波、南京、温州、大连、珠海、重庆、武汉、沈阳、西安、成都等具有区际影响力的城市作为发展的第二层次，结合区域特点与布局，制定合理的体育产业布局与产

门类。通过这样，使我国公共体育产业在空间上达到一个比较好的局部与整体的协调发展，使公共体育产业各门类得到协调的发展。用这些区域中心城市带动周边地区的发展，最终促进整个城市公共体育产业的发展。

同时，发展公共体育产业应根据本地区、本城市的经济、社会、文化的发展特点，以及体育资源的条件与特点，扬长避短，因地制宜，充分整合与发挥优势资源，建设区域和地方特色公共体育产业，实施品牌战略。在城市内部，大力拓展投融资渠道，打破行业与区域界限，建立投资主体多元化、投资渠道多元化的体育发展投融资渠道，广开门路筹集发展资金，坚持谁投资、谁受益的原则，发展体育资本市场，扩大产业合作范围。用优势产业反哺公共体育产业，如利用发展当地优势产业积累的先进经验、管理模式、经营理念、优势人力资源等来投入到公共体育产业开发、经营与管理中，每年从优势产业利润中安排一定比例的资金投入体育产业建设，加大公共体育产业科技开发，提高体育产品附加值。

（五）优化体育产业结构，促进城市产业优化升级

在经济全球化进程不断推进的今天，体育产业作为永远的阳光产业，扮演着积极而活跃的角色，在世界各国都显示出强劲的发展势头，尤其是在一些经济发达国家或地区，体育产业每年都保持着两位数的增长，在北美、欧洲和日本等发达国家，体育产业的年产值都排在国内十大产业之内。

作为我国体育事业的三大组成部分之一的体育产业，为我国体育事业的发展提供了强大的动力和有效的经济保障。研究我国体育产业结构与产业布局，既是对我国体育产业理论的补充与完善，也可拓宽体育产业研究的视野，将体育产业的发展置于我国产业整体发展层面进行考虑，提升体育产业研究的层次，使我国体育产业的发展能够按照科学发展观的要求，走可持续发展的道路，为体育产业的发展提供理论依据。

1.促进我国体育产业结构优化

体育产业结构优化是指通过体育产业的调整，使产业实现协调发展，并满足社会不断增长的需求的过程。体育产业结构优化是一个相对的概念，它不是指产业结构水平的绝对高低，而是根据本国、本地区的经济、社会、文化、科技、自然等条件，通过对体育产业结构的调整，使之达到与上述条件相适应的体育产业协调发展状态。产业结构优化是一个动态的过程，在不同的发展阶段和时点上优化的内容不同，但主要包括产业结构合理化和产业结构高级化两个方面的内容。产业结构的合理化为产业结构的高级化提供了基础，而产业结构的高级化则推动产业结构在更高层次上实现合理化。产业结构合理化的着眼点主要是经济发展的近期利益，而产业结构高级化则更多地关注成长的未来，着眼于经济发展的长远利益。

（1）体育产业结构合理化。体育产业结构合理化是指体育产业内部保持符合产业发展规律和内在联系的比例，保证各部门的协调发展。体育产业结构合理化的实质就是社会资源在体育产业内部的重新配置，以达到产业结构合理化的要求。只有强调产业间的协调，才能提高其结构的聚合质量，从而提高产业结构的整体效果。在我国体育产业产值的构成中，主要是体育用品制造业和体育用品销售业，其次是体育健身娱乐业、体育竞赛表演业、体育培训业、体育中介等。而从吸收就业人数来看，依次是体育健身娱乐业、体育用品销售业、体育用品制造业、体育竞赛表演业、体育培训业；从体育产业增加值来看，体育健身娱乐业、体育竞赛表演业、体育培训业等体育服务产业的增加值明显要高于体育用品制造业。但随着我国经济的快速发展，产业结构的转换，需要由体育服务业尤其是健身娱乐业的发展来带动。

（2）体育产业结构高级化。体育产业结构高级化是指在产业技术创新的基础上发挥主导产业的作用，不断提高产业结构的素质，为经济发展创造必要的条件，实现产业结构由低级向高级的产业演进。产业结构高级化的实质是产业规模由小变大，结构水平由低变高，结构联系由松变紧。创新是产业结构高级化的直接动因。创新就是导入一种新的生产函数，从而大大提高了潜在的产业能力。而产业结构升级的过程，就是伴随着技术进步和生产社会化程度的提高，不断提高产业结构和资源转换的效能和效益的过程。

创新导致了技术的进步，创新也带来了新的市场需求。必须依靠政府的力量，由政府来规划产业结构的高级化。即实现高效益的产业结构目标，确定带动整个体育产业起飞的主导产业，并通过政府的经济规划、经济立法等，扶持主导产业的发展。体育产业结构优化的关键在于选择好主导产业和推进体育产业的技术创新。主导产业是体育产业发展的驱动轮，主导产业是形成合理和有效的产业结构的契机，产业结构必须以它为核心。技术进步对于形成新的产业分工、刺激需求结构改善、提高社会劳动生产率以及推进产业结构的演进与高级化，都具有重要的作用。

2.以健身娱乐业为主导，带动体育产业结构升级

将体育健身娱乐业作为我国体育产业的主导产业，是由体育产业的经济价值和市场地位所决定的，是体育产业结构的核心。体育健身娱乐业与其他体育服务业相比，它的市场需求相对比较稳定，有比较稳定的消费群体，行业集中度较低，竞争比较激烈，行业壁垒较低，企业比较容易进入或退出，作为主导产业，它与体育产业的其他部分关联度较大，能够带动其他产业的发展。体育健身娱乐业为竞赛表演业奠定了良好的观众基础。有研究表明，在高尔夫球、网球、保龄球、棒球、垒球等运动项目的参与者和观赏者的重复交叉率达80%以上。也就是说，这些运动项目的参与者往往就是该运动项目的观众，没有这些运动项目的参与者，其运动竞赛表演市场就没有相应的观众。体育用品制造业和体育用品销售业作为供方，其产品就是为了满足人们参与体育健身娱乐业的需求。没有需求，就不可能有供给。当然，供给在一定程度上也会促进需求的增长。

目前，我国的体育用品业相当一部分是出口销售或委托加工，做贴牌业务，大部分用于出口，其销售额与国内健身娱乐业的发展并不存在很大的关联。体育培训业是体育健身娱乐业直接催生出来的产业，也可以说是体育健身娱乐业的上游产业。体育中介业更多的是与竞赛表演业相联系的，与体育健身娱乐业的关系不是那么直接。从体育健身娱乐业与体育产业其他部门的联系来看，它在体育产业发展中处于核心地位，决定和影响着其他产业的发展速度和发展规模。因此，只有把体育健身娱乐业作为体育产业的主导产业，才能更好地带动其他产业的发展，发挥其在体育产业发展的龙头和辐射作用。

（1）重点发展竞赛表演业。竞赛表演业作为体育产业的重点扶持产业，应培育和开发各类赛事资源，加大以全运会为代表的综合性运动会市场开发力度，推进职业体育改革，规范职业俱乐部的建设，鼓励社会力量举办商业性赛事，建立和完善体育赛事的项目管理体制。

以竞赛表演业带动体育中介业和体育金融保险业的发展。体育中介业和金融保险业在一定程度上是围绕着体育竞赛表演业而产生的一个行业，并受制于竞赛表演业的发展。在目前我国社会主义市场经济体系建立过程中，体育竞赛资源

社会需求有限，加之中介机构很难独立地承担相应的竞赛组织和推广业务，尤其是协调交通、公安、通信、宣传等部门，体育中介业只能发挥有限的作用。因此，应设立较高的准入条件，如资金条件、人员条件，规范和控制体育中介业的发展规模，对不同运动项目的体育经纪组织还需要得到具体项目管理部门的确认。体育金融保险业对确保体育产业的资金需求、分担体育产业投资的风险具有不可替代的作用。从严格意义上来讲，它是体育中介业的一个重要组成部分，是伴随着体育竞赛表演业的发展而逐渐兴起的，其发展规模还有扩大的空间。

（2）大力发展体育培训业。体育培训业与体育健身娱乐业是高度相关的产业，体育培训业是体育健身娱乐业的前向关联产业，通过体育培训的各类人员往往就成为体育健身娱乐业的消费人员。在发展培训业的过程中应加强对培训机构的资格认证，建立职业资格证制度，出台相应的培训标准和管理制度，规范培训内容，确保培训质量。

（3）适度发展体育彩票业。我国体育彩票的发行是政府为了解决体育事业投入不足而给予体育部门一项特殊的补偿性财政政策，具有公益性特征。但从近年来我国体育彩票销售量的变化情况来看，体育彩票的非理性成分，即投机成分有加大的趋势。

体育彩票作为一种体现公益性的政策性产品，应当保持适度的发展速度和发展规模，要与我国的社会经济、文化发展相适应，不能通过简单的促销形式提高体育彩票的销售量，要积极倡导体育彩票的公益行为，加强和控制投机行为，避免体育彩票带来的负效应，要遵循体育彩票自身的发展规律，按科学发展观的要求，走可持续发展的道路。

3.发挥市场对体育用品制造业和销售业的调控作用

近年来，我国体育用品业得到迅猛发展，我国已成为世界上名副其实的体育用品"产量大国"。通过依靠廉价劳动力资源和低成本的优势，我国成为世界体育用品制造业的头号强国，被称为体育用品生产的"世界工厂"。体育用品制造业作为劳动密集型产业，对解决社会就业有着积极的作用。但是还应要求体育用品制造业和销售业适当提高其准入条件，加强对作业环境标准和产品标准的控制，确保生产者的身心健康和使用者的安全。

（六）体育产业合理布局，促使城市产业平衡发展

1.体育用品制造业产业布局政策的选择

我国体育用品制造业产业布局是随着市场竞争、由市场本身逐渐形成的，作为劳动密集型产业转移的一个重要组成部分，一开始不是政府重点发展与扶持的产业，没有得到政府的相关产业政策扶持，其产业布局完全是按照市场化原则才逐步形成。近年来，由于体育用品制造业的发展规模和社会影响逐渐增大，尤其在东部发达地区和中心城市，体育用品制造业吸引了大量的人口就业，引起了政府有关部门的高度重视。体育用品制造业以东部沿海开放城市为中心，向周边城市形成集聚效应，主要集中在上海、江苏、浙江、广东、福建等几个省（市）。形成这种布局的原因是，这些地区作为我国最早开放的城市，享有特殊的地区优惠政策，而国外体育用品制造业又需要进行产业转移，使得这些地区成为国际体育用品制造业的中心。

对于体育用品制造业，其产业布局符合制造产业发展的一般规律，存在一定的集聚效应，各地没有必要将体育用品制造业作为本地体育产业发展的重点来进行扶持。由于消费者对体育用品的认知度较高，体育用品的本地化并不能达到应有的效果，现有体育用品制造业的市场竞争已经达到较为充分的程度。对体育用品制造业的发展，政府要通过加强研究与开发的投入，鼓励企业进行创新，提高产品的核心竞争力，制定出体育用品制造业的环境、卫生、安全等准入标准，避免行业内各企业之间的过度竞争。

2.体育服务业产业布局政策的选择

体育服务业的产业布局不存在产业的聚集效应。体育服务业的发展与各国经济发展水平、人们对体育的消费意识、体育场（馆）设施条件和自然地理环境等因素存在一定的相关性，对其布局的选择更多的是引导性的、激励性的政策。

立足中心城市，由中心城市向中小城市辐射体育服务业的发展存在一定的客观条件。往往是在中心城市具有一定数量的人口基础，经济、社会、文化和体育等都具有一定的基础，只有这样的中心城市，体育需求才会比较旺盛。而一般的小城市还达不到相应的体育服务发展的配套条件，其体育服务业的发展会受到一定的局限，尤其是竞赛表演业的发展。

体育服务业发展与区域经济、竞技体育水平、体育自然地理条件存在一

定的关联性，体育服务业的发展与区域经济发展存在着一定的关系，经济的发展是体育服务业发展的必然条件之一，但二者之间并不存在正相关。竞技体育水平与体育服务业也存在一定的关系，它在一定程度上影响了体育服务业的发展，如辽宁体育服务业的发展就得益于辽宁竞技体育的发展。辽宁竞技体育综合实力一直处于我国的前列，为各省（市）输送的后备人才也最多，群众体育基础较为雄厚。体育自然地理条件对体育服务也会产生一定影响，为体育服务业的发展提供了不同的发展平台，如云南省自然环境是优势，适宜开展室外运动项目，尤其像高尔夫、足球、体育旅游等运动项目，是中西部地区体育产业较为发达的地区之一。

（七）构筑体育产业集群，推进城市区域协同发展

1.体育产业集群的模块

（1）体育健身娱乐业的集群。随着社会和经济的发展，关注身心健康已成为21世纪人们生活的主体，也为体育健身娱乐业赋予了无限的生命力。健身娱乐项目内容颇多，参与活动的人群较大，人群需求差异较大，服务于此的相关产业多种多样，所需的环境和条件较容易实现。体育健身娱乐产业集群适用于经济较发达、人口相对密集、居民健身意识较强的区域。

体育健身娱乐产业集群由政府部门主导，选择交通便捷、居民集中的生活区附近或自然景观环境较好的近郊区域，若干企业独立经营的产业组织形式，由相关服务业、体育场馆设施、大规模体育健身消费者作为产业支撑。集群产业类型包含两个层面：第一层面是健身娱乐项目经营企业；第二层面是相关服务业、外延企业、研究与教育培训机构及政府管理部门。

（2）竞技体育培训业的集群。竞技体育人才成长是多年有目的、有计划的培训过程。在社会主义市场经济条件下，我国多年奉行并取得辉煌成绩的"举国体制"，其原有内涵和运作方式不可避免地与大的经济和社会环境相容。竞技人才培训业在我国的一些地区兴起，特别是在业余训练队伍中，依托市场，做大、做强竞技体育人才培训产业，已经是一些基层训练单位和企业得以生存和发展的成功之路。

我国现阶段竞技体育人才培养投入来自国家、企业和个人，为实现奥运争光计划，各级政府对优秀运动员的投入比重逐渐加大，对基层的训练部分地交给市场。由于业余训练阶段个人投入的比重较大，竞技人才培训业有了广阔空间。

实际上我国大部分训练单位是一种集群，是以行政隶属关系划分的项目集群，通常按陆上项目、水上项目、冬季项目和军事体育项目集群。在基层训练单位，由于引进市场机制，所以已形成竞技人才培训产业集群的组织形式。此外，一些以企业投资经营的、以单项为核心的培训基地（中心）或学校也遍及国内，如足球学校（培训中心）、篮球学校、武术学校等等。它们培训竞技人才的主要目的是向上级训练单位有偿转让。

在不打破现行的全运会制度框架下，各省（市）将项目重新定位和布局，按项目特点和地域特点，有选择地在某一地区设立单项或多项训练基地，招聘省内优秀教练员担当教练，将与项目相关的科研仪器设备及人员分散各基地，按项目建设体育设施、配备设备，实行梯队管理，利用周边教育机构加强文化教育，发挥本地项目人才优势并集中全省优秀后备人才进行统一训练和管理。基地可由政府职能部门统筹，也可由企业介入，这种做法不仅可以减少省内范围训练设施的重复投入，降低人才培养成本，同时还会提高培养质量。

（3）体育装备器材业的集群。体育装备器材业为体育运动提供基本物资保证，在我国已得到较大的发展。各种体育装备、器材、用品、服装鞋帽生产能力和加工能力在国际上具有较强的竞争力。随着我国人民生活水平的提高和健身意识的增强，发展体育装备器材业仍有较大的发展空间。

体育装备器材业集群由政府部门主导，选择具有若干制造业、轻工业企业，有相关科研单位、交通发达的区域，若干企业独立经营的产业组织形式，由国内外体育市场、大众体育、竞技体育、体育科研作为产业支撑。集群产业类型为机械加工、电子工业、化工业、材料工业等。

2.体育产业集群的前景展望与构思

2008年北京奥运会为我国体育产业的全面升级提供了巨大贡献，推动了体育产业的快速发展。产业结构和组织形式升级标志着产业自身的实力增强，是实现把我国体育产业做成推动社会经济发展的支柱产业的基础。体育产业集群在我国的大部分城市已开始快步发展，一些城市、一些地域根据自身的特点和基础，相继形成新的生长点和品牌，为我国体育产业的发展起到示范作用。今后一个时期，在有条件的地域，以体育产业集群为标志的组织形式将有选择性地逐步在全国范围内形成。一些地区已发展起来的体育生产企业也将向一定区域聚集，逐步形成产业规模。

3. 我国体育产业集群发展模式实践

（1）深圳模式

1）打造数字体育产业基地。基于独特的产业基础，深圳规划提出，国家体育产业基地是以数字体育为核心，以高科技体育产品研发、生产、服务为主导，以特色园区为支撑的开放型、综合性产业聚集区。通过基地建设，逐步建立参与国际竞争的营销与技术支撑体系，形成以国家体育产业基地为龙头，辐射周边地区，带动全国体育产业发展的产业格局。据了解，基地重点发展三大领域：基于电子信息技术的电子计时、电子竞技以及体育运动电子信息展示与演播产品的研发、生产及应用；基于生物医药技术的兴奋剂检测、人体运动分析系统以及人体评估测试系统等相关产品的研发和生产；基于新材料技术的各种运动器械、运动器材的研发和生产。

2）建立三大公共技术服务平台。为引导骨干企业聚集，发展具有国际竞争力的体育企业和品牌，深圳国家体育产业基地内建设了检测认证平台、公共技术开发平台和公共服务平台，形成比较完善的技术与服务体系。检测认证平台就是组织基地企业积极参与国家体育用品检测标准的制定，建立符合国家实验室认证标准的检测实验室，在国家体育总局的支持下，承担对南方地区体育用品进行检测的任务。公共技术开发平台就是在新材料及应用、体育器材、电子竞技、人体评估测试系统等领域集中攻关，为下游产品的研发制造提供技术支持；公共服务平台就是为基地内企业提供人才、资金、市场环境等方面的服务，组织企业参加国内外专业展会，协助企业做好产品进出口、商务推介、贸易拓展、科技合作与交流、政策法规咨询、培训等工作。

3）建立国家体育产业基地管理中心。深圳还建立了国家体育产业基地管理中心，负责基地的综合管理，协调技术平台的日常运作，并负责组织实施国家体育总局授权的体育产品研发、电子竞技赛事及人员培训等工作，承办境内外重大体育竞赛或大型体育表演。通过完善的服务和管理吸引国内外知名体育企业入驻，发挥聚集效应，集中整合利用各种资源，形成完整的产业链，从而提高体育科技水平，增强我国体育产业的国际竞争力。

（2）成都模式

位于成都市温江区的国家体育产业基地，是西部首个国家体育产业基地。温江区正积极做好相关规划方案，配套设施建设，制定出台优惠政策。[1]

1）打造"一个基地"，建好"三个中心"。成都市温江区国家体育产业基地的目标是打造"一个基地"，建好"三个中心"，即"打造西部地区环境好、规模大、品位高的集体育用品制造、体育会议、体育展销和体育休闲体验为一体的体育产业基地"，建设"体育用品研发制造中心、体育会议展销中心和体育休闲体验运动中心"。其中体育用品研发制造中心以成都海峡两岸科技产业开发园为依托，规划面积2 km^2，集中发展体育器材、体育服装、体育食品饮料等体育产业研发制造项目。体育会议展销中心以温江新城会展中心为主要载体，打造国内外知名体育企业、体育精品市场、体育从业机构商务往来的聚集地；体育休闲运动中心则建设体育产品体验、体育竞技活动、体育休闲和群众健身场地。

2）体育产业资源整合与国际管理集团合作。成都与国际管理集团签约，成为国内首个城市与国际体育高级管理集团进行城市体育资源的深度合作开发。目前，该集团开始就成都体育场馆设施、体育市场营销资源、体育产品制造销售等方面进行调研，他们将向成都提出体育产业发展战略建议。

3）创建有世界影响的体育城市品牌形象。成都体育产业发展不再是"小打小闹"的比赛，而是着眼于高起点，能吸引世界眼球的大手笔。近年来，世界大力士冠军赛、F1摩托艇锦标赛、世界拳击理事会拳王争霸赛等先后落户成都。成都开始着力创建中国的"拳击之都"。

（3）晋江模式

晋江提出打造体育城市，最大优势在于其雄厚的体育产业基础。晋江曾荣获"世界夹克之都""中国鞋都"等13个"国字号"区域品牌称号，因而得来"品牌之都"的美名。能够成为国家体育产业基地，源于晋江发展体育产业的条件得天独厚。

①"一带二地一中心"的战略布局。根据规划，晋江国家体育产业战略布局为"一带二地一中心"。"一带"就是在晋江船海大通道（晋南段）两侧50多km^{2}的地域规划和建设滨海运动休闲产业带；"二地"就是打造全球体育装备制

---

[1] 吴迪.成都体育赛事旅游产业化发展优化路径[J].现代营销（学苑版），2021（8）：116-117.

造业基地和国家级运动训练基地;"一中心"就是打造全国体育赛事中心城市。围绕做大做强体育用品业、培育体育健身娱乐业、发展体育竞赛表演业、建设国家级训练基地、规划开发滨海运动休闲产业带五个发展重点,优化产业结构,促进城市经济转型,倾力打造国家体育产业发展的示范基地、全球重要的体育用品制造业基地和具有国际影响的现代化体育城市。

②创新开发模式和制度安排。在开发模式和制度安排上,晋江国家体育产业基地将考虑借鉴新加坡体育城PPP开发模式。同时,滨海运动休闲产业带开发将按一级开发、投融资、运营管理三个层次进行制度安排,以整合各方资源,吸引战略投资机构和晋江华侨、民营资本参与。在滨海运动休闲产业带规划上,产业规划方面已委托国务院发展研究中心开展晋江体育产业发展战略研究;赛事规划方面已邀请国家体育总局有关司和项目中心具体指导,并委托美国国际管理集团进行滨海运动休闲产业带理念策划、市场分析和赛事规划;城市规划方面将邀请国内外著名规划设计机构进行高起点规划;在国际招商上将通过各种招商平台,引进国际大型场馆和赛事的投资商和运营商。

③打造"体育城市"提高知名度。当前,晋江正在积极寻求从第二产业为主导向三个产业均衡发展的转型,以提升整体的经济、社会和人的素质,创建体育城市成为突破口,打造"体育城市"的城市发展目标应运而生。为了更好地宣传晋江体育城市的形象,目前,晋江已着手策划"体育城市"品牌宣传推广方案,委托专门机构进行策划,筹建"中国体育城市·晋江"网站,并借助体博会、鞋博会和国家体育总局信息中心等资源优势,努力打响体育城市品牌。

(4)北京龙潭湖模式

龙潭湖体育产业园区位于"天坛文化圈"东部,包括龙潭三湖公园和体育馆路地区,东、南以北京护城河为界,毗邻东南二环路,西至天坛东路,北至体育馆路、光明路,规划控制区面积2.9665km^2,实际园区规划面积1.7317km^2。

国家体育总局及所属22个运动项目管理中心、中国奥委会等体育行政管理机构,中国足协、中国篮协、中国乒协等全国级体育运动协会,体育报业集团等全国性体育媒体,国家体育总局体育科学研究所等全国性体育科技机构均坐落在此园区基地,具有强大的集聚和辐射效应。基地集聚了李宁、锐步、福特宝、动向、康威等近500家经营体育产业的企业,形成一定规模的体育经济发展圈,为实现体育产业发展、体育科技提升打下了良好基础。

龙潭湖体育产业园区整体功能定位为北京体育产业集聚的核心区域，大众体育展示的平台，具有国际影响力的体育人才、体育赛事策划、体育信息交流的中枢。目标是形成体育商业商务中心、体育休闲娱乐中心、体育产业总部基地、体育研发及行政中枢基地的"两中心、两基地"的基本格局。

利用园区内四块玉地区已经形成的中国篮球CBA旗舰店、李宁旗舰店等体育商业，足协、篮管中心等体育行政管理机构，华体、泰山等体育企业相对集中的资源优势，构建体育商业商务中心。利用龙潭湖地区优美独特的自然环境，借助中心城区宝贵的1.03km^{2}绿地、水上资源，以体育主题为特色，以全新的产业化理念构建体育休闲娱乐中心。利用国家体育总局和训练局之间的黄金地带，综合配套构建体育产业总部基地，形成世界级体育品牌总部基地、体育经纪公司聚集区及体育产业孵化器。利用体育馆地区体育行政组织密集、国家体育科研、运动医学研究机构较为集中，以及周边华江等体育文化创意企业集聚的优势，结合幸福南里改造项目形成体育研发及行政中枢基地。

北京龙潭湖国际体育交流中心的开发模式确定为体育产业、奥运场所赛后运营的模式，即以大众化体育文化活动为核心，集体育产业办公、运动员酒店式公寓、体育精品商场、体育休闲娱乐为一体的综合体育产业中心。

东城区依托国家级龙潭湖体育产业基地，大力发展体育产业高端环节，积极吸引体育企业总部、体育产品研发、体育赛事组织与策划、体育传媒、体育经纪、中介服务等机构入驻，形成全国乃至全球重要的高端体育产业集聚区。

第七章 体育赛事与城市发展

第一节 体育赛事与城市发展的耦合性

一、体育赛事与城市发展的关系演进

（一）"体育赛事举办主导"的发展时期

最初奥运会负载着较多的国际政治关系，其规模不大，主运动场的形制尚不统一，逐届差异很大。其中1900年巴黎奥运会、1904年圣路易斯奥运会和1908年伦敦奥运会和世博会同时、同地举行，成为世博会的附庸。当时的奥运会建设也仅限于新建或改建建筑单体，甚至比世博会的关注力和影响力还小。

鉴于当时的政治和经济危机，1896年雅典奥运会的举办采用募捐、私人赞助和发行奥运邮票的混合公共资金模式。在场馆和城市建设上，重建了Panathenian体育场和Zappeion大楼，新修建了射击走廊和游泳馆的座位。[1]虽然巴黎奥运会、圣路易斯奥运会和伦敦奥运会附属在世博会之下，但1908年伦敦奥运会第一次为奥运会修建了体育场馆——白城体育场。尽管该体育场受到了很大的争议，但标志着开启奥运会与城市发展的密切联系。1912年斯德哥尔摩奥运会到了一个相对较小的城市，因此斯德哥尔摩组委会发现奥运会更容易融入城市。斯德哥尔摩在城市北部的郊区开发建设了一系列的体育场馆，中心是新古典主义风格的奥运体育场，红色的石头精美的装饰与斯堪的那维亚的城市背景极为和谐。因而得到了国际奥委会领导人的高度赞赏，斯德哥尔摩的单场馆模式开始被后来的举办城市效仿。

奥运会举办初期，虽然奥运会与城市发展的密切程度较弱，但在此期间出现了诸多体现城市文化多样的体育场。如，1908年的白城体育场通过遒劲的钢筋

---

[1] 谢洪伟.大型体育赛事与城市发展耦合研究[D].北京: 北京体育大学: 2013: 80-102.

结构凸显工业化建筑风格；1912年的科罗列夫大体育场彰显哥特式的复兴；1928年的现代主义风。按照林奇的城市意象理论，奥运场馆标记了奥运会在人们心目中的地理位置，为举办城市创造了新的可辨识的城市意象。

随后的巴黎奥运会（1924）和阿姆斯特丹奥运会（1928）出现了大众媒介，包括广播、报纸，同时吸引了1000名记者。1932年洛杉矶奥运会进一步加深了与城市发展的关联。除了室内赛事在城市礼堂中举行，其他场馆都建在奥林匹克公园。不仅建造了规模超以前任何一届奥运会、可容纳105 000人观看的纪念性竞技场，而且建造了为运动员服务的公共设施——奥运村，占地1.01 km^2。直到2000年悉尼奥运会，纪念性竞技场一直是最大的奥运会主体育场。尽管本届奥运会遭到银根紧缩，但奥运会还是获得了剩余，在16天里，125万人花费了150万美元进行观赛。旅游机构也把奥运会作为吸引物来吸引南加利福尼亚人参观旅游。奥运会取得的好处使洛杉矶还想再次举办奥运会。

同样，1936年柏林奥运会也是一个大规模、奢侈的和壮观的体育赛事。奥运会的仪式主义进一步加强了。奥运火炬第一次从奥林匹亚传递到主办城市，同时进行了试验性的电视直播。许多新建筑对城市结构的影响远超以往任何赛事。在柏林西部的1.30 km^{2}的土地上建立了奥林匹克中心。中心设置了包括110 000个座位的体育场、一个有18 000座位的游泳和跳水中心、一个体育广场、一个露天圆形竞技场，以及大量的场地和公务建筑。正是如此大手笔，很快使该区域为实际上最大、最复杂的体育场地设施系统。奥运会与城市发展的耦合程度是其他城市在相当时期内难以媲美的。

因此，在西方工业社会时期，随着交通、通信等技术的进步，以奥运会为代表的体育赛事开始从区域走向世界的舞台。在奥运会举办规模尚小、对城市发展影响较小的阶段，场馆、交通、服务等相关配套设施建设，通常以奥运会的成功举办为主要目标和动力，这一时期的建设和策略核心是"以奥运会顺利举办为主导"。工业社会时期都具有这一时期的特征。不过值得注意的是，奥运会选择的举办城市一般是欧洲城市化水平较高的城市，同时也是国家的首都。这在某种程度上表明了现代体育赛事初期明显受到城市经济、政治的影响。当然也要辩证地看到，在工业社会后期，许多举办城市开始利用奥运会对城市经济、旅游、政治、文化等方面的影响。

(二)"城市发展为主导"的发展时期

从20世纪50年代起,在若干最发达的资本主义国家,工业化时代已经结束,经济转向以信息服务业为主的阶段。与此同时,经济全球化的浪潮也开始席卷全球。经济全球化和信息时代的兴起引起并加剧了地区、国家甚至有时是国际范围上的城镇竞争。此时,体育赛事成为吸引全球目光、提升城市竞争力的有力战略性工具,甚至是"特效药、强心剂"。

1948年伦敦奥运会囿于财政,只能依靠原有的场馆设施,没有新建设施,因而对城市发展的影响极为微弱。随后1952年赫尔辛基奥运会和1956年墨尔本奥运会因为新建了许多场馆设施,开始初步融入城市规划发展中。赫尔辛基奥运会在绿荫环绕的森林地块建造了一个大型体育建筑群,形成以供休憩、比赛、娱乐和住宿为一体的田园式的奥林匹克公园。以奥运建筑嵌入城市空间,使得赫尔辛基城市面貌焕然一新,环境得到极大改善,居民回到自然,以至于后来的奥运会大多沿着这条路线寻求奥运会与城市发展的有机结合。同样,墨尔本在距离市中心1600多米的雅拉河畔建起了占地$0.225km^2$的奥林匹克公园。遗憾的是,耗资125万英镑修建的奥林匹克公园,几个主要场馆却在赛后遭到销毁或重建,一时流言蜚语不断。但是,该公园集结了城市的主要体育场所,作为物质性遗产凝结在城市历史的长河中。

进入20世纪60年代,随着世界经济的复苏和技术的进步,奥运会的规模和影响得到了全面的提升。世界主要城市也得到了极大的发展,奥运会走出了传统的欧美发达国家的大城市,走向发展中的城市。而在这一时期,传统的建筑主义和功能主义的城市规划理论开始转向系统规划。因此,在城市规划方面,如何理性地看待奥运会这一庞大的系统,及如何更好地把奥运会小系统融入城市大系统则成为城市政府关注的焦点问题之一。在具体措施上,奥运组织者打破了功能主义体育场馆设施集中布局的传统,刻意分散了相关设施,均衡带动城市空间的发展。

1960年罗马奥运会的主要场馆属于多中心分布格局,是一条奥林匹克大道连接城市南北两端的三个体育设施群(北部两个,南部一个)。除了体育设施,还对花费巨资对城市交通、供水设施、街道照明、城市景观、机场、旅馆等进行了升级换代。其中,花费最多的还是奥林匹克大道工程,所涉土地面积占奥运会整体土地规划的75%。同时，赛事组委会利用巴西利卡和卡拉卡拉大浴场这两项世界文化遗产，实现了遗址与赛址完美的时空转换，找到了奥运会与城市文明有效对接的平台。因而，罗马被誉为第一个"以奥运作为城市发展的催化剂"的典范。事实上，1964年东京奥运会对东京城市发展的推动作用更为显著。规划师龟仓雄策（Yusaku Kamekura）将城市作为一个系统进行整体包装，使用标识和色彩等视角符号，实现了体育设施与城市古迹、服务设施的巧妙对接。为了迎接奥运会，东京市建起了三个规划合理、衔接得当、功能齐全的体育建筑群，建筑群之间的距离在10~15km。

在奥运会的规划中，相关场馆设施采取分散布局的模式，分别设置在代代木、神宫外苑、驹泽、马事公苑、武道馆、后乐园、早稻田大学、朝霞、户田等地。因此，这些场馆设施之间的交通联系和道路网建设成为规划的重要内容。值得注意的是，东京奥运会花费将近27亿美元，而投资于比赛相关的奥运设施的资金不到3%，大部分资金用于城市路网改造、旅游设施、住房、港口扩建及城市废物处理和污水排放系统的更新改建。这些项目设施要求和建设水平之高，在当时的日本也是前所未有的，这不仅对于改善城市基础设施能力的量的不足，同时对于城市设计规划水平、城市环境水平的质的提高也起到了非常积极的推动作用。因此，国际奥委会视察团在视察了东京的筹备工作后，发出了"城市变化恍如隔世"的感叹。不过，罗马和东京为奥运会花费过高，以至于一度要求取消举行。

为了应对经济萧条，1968年墨西哥奥运会选择了对已有体育场馆设施进行改造以满足奥运需要，投资主要用于主体育场、露天体育场和奥运村。但由于体育场馆设施之间的距离过大，致使城市承受较大的交通压力，为此政府专门修筑了一条长12km的地铁线，但直到奥运会结束后的第二年才正式开通。不过，这种分散的场馆规划模式使得市内一些地区迅速进入战略机遇期。20世纪70年初期德国慕尼黑处于经济和人口剧变期，经历了二战战败和德国分裂的剧痛，政府及民众都把奥运会作为德意志复兴的契机。慕尼黑奥运会比赛场馆和奥运村位于市中心以北4km处的奥博为森。1963年的城市发展规划拟将该区规划为城市未来的运动休闲中心，奥运会加速了这一计划。奥运场馆布局采取集中规划的模式，表现为土地利用的合理化和城市更新上。除了修建奥林匹克公园，还修建了综合性的大型购物中心,改善了城市公共交通设施。

由于受到当时政治、社会、经济等多方面因素的影响及组织者对无规划的人性风格的迷恋,1976年慕尼黑也采用集中规划的奥运城市发展模式,并斥资建设了大规模的奥林匹克中心。此外,奥运城市规划还包括地铁延长线、候机楼及城市道路改建,但大规模奥运规划带来的经济压力逐渐使奥林匹克运动陷入危机。由天才设计师罗伯特(Robert Smithson)设计的室内奥林匹克中心,占地0.75km^2,耗资125亿美元。但由于结构奢华、采用新技术、新材料,加之全球通货膨胀、项目管理混乱、劳资争议,导致该项目赤字15亿加元。类似的问题也出现在奥运村的建设之中。尽管奥运会最后如期在蒙特利尔举行,城市也因此增添了不少体育场馆和设施,但从整体上看,其对城市的发展并未起到积极的推动作用。相反,蒙特利尔将近10亿美元的赤字,直到30年后才还清,惨痛的教训为后来的城市敲响了警钟。

莫斯科(1980)和洛杉矶(1984)汲取了蒙特利尔奥运会的教训,在奥运城市规划上都尽量避免过于庞大的项目。在奥运城市规划方面,莫斯科的规划思想受到卫星城理论的影响,将全市划分为八个区,每个区都有一个经济、娱乐和社会文化中心,提出"到1990年城市体育设施要有相当数量的增长"。而奥运会作为莫斯科第10个国民经济5年发展规划项目,为了充分利用现有土地,奥运场地设施被分散卫星城市的5个区域中。由于奥运村土地原本作为居民用地,占地1.07km^{2}的奥运村就按照居民小区的建设方案修建,奥运会结束后改建成公寓租给市民,如今已成为容纳15000人的住宅区。总的看来,奥运会加速了综合与单项体育场馆设施的建设,同时也推动了城市住宅、娱乐、通信、宾馆业的发展。由于当地居民的强烈反对和政府的不支持,洛杉矶奥运会(1984)完全由私人赞助举办,并尽量利用原有设施。主体育场是经过翻新修正的洛杉矶纪念体育场,大学宿舍摇身变为奥运村。尽管设施分散,但对现有设施和临时设施的广泛使用有效地控制了办赛成本。虽然洛杉矶奥运会几乎没有对城市空间结构带来什么影响,但通过商业化的运作获得了2.5亿美元的利润,使其成为奥运会成功举办的典范。

20世纪80年代后期,西方工业城市开始利用郊区化来推动衰退地区的发展,而奥运会则成为城市更新的契机。如1988年首尔奥运会组委会在汉江南岸洪水多发地带和环境污染区，建造了占地40万 m² 的首尔综合运动场，55.2万 m² 的奥运村，1 674 380 m² 的奥林匹克公园。一系列奥运设施开发被嵌入到城市的长远发展之中，城市整体结构开始向南延伸。此外，首尔借助奥运会实施了"环境美化计划"，通过整修街面、整饬城市空间、治理汉江等措施使城市面貌焕然一新。城市交通网络通过轻轨的扩建、公交专用车道及单行线系统的建设得到极大的提升。1992年的奥运会成为巴塞罗那历史上的转折点。奥运会在巴塞罗那从一个工业港口城市向一个富有魅力的服务导向型的转变过程中起着举足轻重的作用。1987年申办成功后，巴塞罗那制定了一项战略计划，通过增加城市魅力来巩固城市作为欧洲大都市的形象。在奥运会比赛场址的选择上，城市设计者力图借此机会在快速增长的西南部和某种程度上滞后的东北部之间寻求更好的平衡。在城市发展的前景中，更多地着眼于城市边缘，对地区的建筑进行改造，并使这个小镇环海路开放。在与奥运会相关的投资中，对体育场馆的投资仅占9%。因此，巴塞罗那堪称是运用体育赛事进行城市营销的典范。

相较之下，1996年亚特兰大奥运会遵循洛杉矶奥运会的模式，对城市基础设施较少投资，主要对奥运场馆进行投资。由于许多新的、再利用场馆和奥运村大多建在校园内，因而总的来说，奥运会对亚特兰大的城市空间结构的影响较小。不过，该届奥运会纯粹是由私人经济支持的，在没有政府财政支持的情况下，为当地带来了超过亿美元的经济收益。

进入21世纪后，随着城市可持续发展理念的正式提出，可持续发展观就成为城市建设和发展中普遍关注的问题，而奥运城市规划也开始强调可持续发展。如果说在这之前的阶段称之为奥运会（体育赛事）融入城市整体发展的阶段，那么年后则可称之为奥运会（体育赛事）以实现城市的可持续发展为指引，城市发展已经成为奥运（体育赛事）规划的主导因素。

2000年悉尼奥运会基于国际奥委会绿色环保政策的推行，悉尼奥运场馆的选址、设计、建设和维护均遵循着可持续发展理念，同时也促进悉尼整体生态环境的改善。这给悉尼旅游业和会展业带来了繁荣。2004年实现了奥运回家的夙愿。鉴于奥运会对希腊的特殊意义，当地社区积极响应组织者，力图把希腊打造为世界上著名的后现代城市。雅典将奥运场馆散布全城，打造雅典奥林匹克中心和法列罗综合体育馆两个标志性城市化建筑，并由新建的地铁和火车路线构筑的奥运环路体系相连，尽管在资金的投入上是规划时的5倍多，但赛后的场馆闲置问题却不能妥善解决，一时激起民众强烈的不满。

2008年北京奥运会的举办目的在于提升北京国际知名度，改善城市环境和建设世界城市。大部分场馆建设在北京中轴线北端11.35km^{2}的奥林匹克公园里。奥林匹克公园与亚运公园相接，意在赛时充分利用亚运会的体育设施，赛后关注城市长远发展和市民物质文化生活提升的需要，形成一个集体育赛事、会议展览、文化娱乐和休闲于一体的多功能公共活动中心。但是，如果从城市空间结构上看，奥运场馆的北端分布加剧了目前北京城的发展不平衡和社会空间分异。

2012年伦敦奥运会的规划策略同样体现了与城市可持续发展策略的融合。伦敦奥运会的奥林匹克公园是奥运建设与规划的重点，位于伦敦东部的下里亚谷，其选址与伦敦长期的城市更新计划息息相关。由于历史原因，伦敦西区开发较早，是全市经济文化和政治活动的中心；而伦敦东区则是在工业革命时期逐步发展起来的工业区和码头区，环境相对恶劣，居民大多为下层平民和体力劳动者。近几十年来，受西方经济转型的影响，英国制造业逐渐衰落，伦敦东区发展停滞，社会问题丛生。为了缩减东西城的差距，促使城市发展中心自西向东转移，自20世纪80年代以来，伦敦东区开始有计划地实施改造和复兴计划。2003年伦敦申办奥运会，伦敦市政府希望伦敦东部通过举办奥运会加快地区更新和发展，并制定了下里亚谷地区重建总体规划。规划不仅详述了伦敦如何举办2012奥运会，更为重要的是为奥运会结束后该区转变为伦敦城市新区作出指引，为该区留下可持续发展的触媒。总体规划方案提供了1.28km^{2}间新住所、数千个长期工作岗位以及亚里河畔的一大片公用场地，该场地将连接海克尼沼泽球场和泰晤士河；新的园林绿地系统将产生1.28km^{2}的公用开放空间，比原来增加了66%；许多比赛场地，包括主场馆、室内场馆及水上项目中心都将保留下来作为重要资源。伦敦市政府也一直强调"奥运会是奥林匹克公园所在地的更新和发展的重要触媒源"，另外，有17亿英镑已经投入城市公共交通系统中。伦敦奥运会的规划及实践充分表明奥运与城市的发展已经相互融合，并相互促进和发展。

从奥运会与城市发展的历史看来，不同时期、不同城市受奥运会的影响和深度各不相同，但却是连贯的，有着同样的主题，即奥林匹克文化。尤其是奥林匹克场馆更是深深地为城市发展打下了烙印。

二、体育赛事与城市发展的关系及耦合机制

（一）城市对体育赛事的作用及制约

1.城市对体育赛事的作用过程

按照现代系统研究的开创者贝塔朗菲（Bertalanffy Ludwig von）的定义，系统是"相互作用的多元素的复合体"。体育赛事则是以体育比赛核心，通过系统主体——人与系统客体——场馆之间的相互作用、相互联系，形成互动，构成了体育赛事的整个系统。系统的输入是指各种人力、物力、财力的投入，系统的输出是世界级水平的、观赏性极强的竞赛以及赛后遗产。

现代体育赛事整个系统从开始阶段的逐步演化，到赛事运转，再到最后的遗产运营，都必须以举办城市的城市系统为依托。

体育赛事在筹办阶段，需要建设体育场馆、奥运村等相关工程项目，同时还要改善基础设施，如道路交通、通信设施的水平。这些新建、改建、扩建的工程项目的投资巨大，建设周期长，涉及的产业门类繁多，因此这些项目远非一个大型体育赛事所能包容、完成的，它必须依托城市提供资金、物资及相应的人力，才能按时、保质保量地完成这些工程项目。

举办体育赛事，其核心任务是保证赛事参与者及相关人员在规定的时间、地点安全完成比赛、转播、采访、考察和旅游等预定任务。为此，举办城市的组委会在赛时要有能力为这些人员提供相应的场馆、安保、住宿、餐饮、交通通信等一系列服务。在这些服务中，有些是可以由体育赛事系统完成。但是当参赛者走出奥运村或比赛场馆，观光一下城市的风貌或进行购物，就必须走出体育赛事系统，进入到城市系统，并依靠城市系统的交通、商服等分系统提供的服务来完成他们的行动目标。与此同时，像潮水般从世界各地涌来的观众、游客，通过城市系统的交通等分系统来到举办城市。如果观看比赛，则必须进入比赛场馆，即进入体育赛事的系统。因此，在赛时，体育赛事系统与城市系统有着严格的界限，但又相互联系。

赛后，体育赛事系统只剩下它的遗产和留在人们心中美好的回忆。赛会遗产将融入城市系统，成为城市系统的有机组成部分。

2.城市政府对体育赛事的制约

（1）政府决定体育赛事的选择。当前，越来越多的城市争相举办城市事件。城市事件，尤其是大型体育赛事的实质已成为城市发展战略的一部分。然而，体育赛事能否在某一特定城市举办，政府的决策起着决定性作用，可以说，体育赛事如果离开政府平台进行独立运作是几乎不可能的。如果政府外的利益集团想让体育赛事在城市中进行，则还是需要借助政府的力量。体育赛事的筹办期一般长达数年，而且需要大量投资，中间不确定因素难以预料，尤其是资金缺口，加之宏观环境的迅速变化必须要政府的支持作为保障。

城市发展战略为城市未来发展提供了美好愿景，为了落实战略措施，并使市场和民众接受并认同，使他们与政府一起来实现发展目标，政府需要借助一些具体的和示范性的工程项目，如体育赛事，主动影响市场运行和社会生活。举办体育赛事所产生的巨大需求则为城市政府投入决策提供借口。政府是城市的管理者，通过对是否举办体育赛事的决策与城市发展战略的联系，可以清晰地看出政府的执政思路。

具体到体育赛事的决策，政府在主观上一般都会选择与城市发展战略相契合的赛事，作为实现任期内执政目标和政治晋升的战术手段。当体育赛事与城市发展战略和城市规划相冲突的时候，特别是影响城市整体发展的赛事，政府会选择审慎的态度予以对待。

事实上，通常经济因素是城市政府决策举办体育赛事的首要因素，社会因素、环境因素常常被忽视；其次，城市政府的企业化倾向使得在未评估的情况下，往往夸大体育赛事的积极效应和重要性，作出逆向选择。

（2）政府在体育赛事中的角色。政府在对选择体育赛事作出决策后，目标性强的特征使得政府会以非常积极的态度进行资源投入，保证良性运行。在对体育赛事运作的过程中，不同类型的政府会扮演不同的角色，而政府的角色定位又决定了参与体育赛事运作的利益群体，如市场、市民。

一般来讲，政府所扮演的角色有两种类型：一是干预型政府。它强调社会经济主体在发展机会方面的均等性。政府作为城市内各利益主体的维护者和平衡者，会对城市的发展进行必要干预。干预型政府也会主办一些体育赛事，其目的就是为城市各利益主体划定共同目标，引导社会资源为城市的发展和公共利益做贡献。政府的角色就是通过一些激励政策和措施，把市场和社会培育成城市事件的主角。二是主导型政府。正好与干预型政府相反，它是城市资源的绝对支配者，习惯于积极主动的执政思维。作为强势政府，它掌控着城市的发展方向和经济命脉，在实施执政目标时需要寻找一个平台或支点，以保证各项政令得到准确、高效的落实，进而确保政府的绝对权威。区别于干预型政府，主导型政府对城市事务亲力亲为，为实现自己作为经济人的利益，而要求市场力、社会力与政府一起协调合作，共同举办体育赛事。结果就是，政府可以迅速集中最大的资源，在短期内实现城市发展的目标。形象地比喻，干预型政府就像赛场上的裁判员，而主导型政府则既当裁判员，又当运动员，而且是实力最为强悍的运动员。

虽然两种不同类型的城市政府参与体育赛事的深度和投入模式不同，但是政府都是体育赛事与城市其他利益群体的联系纽带。其实，不同类型的政府在体育赛事的投资模式上存在相似性。由于城市举办体育赛事涉及大量的赛事投资、直接工程和间接工程，在投资模式上主要有政府投资和政府与私人合作投资两种模式，并且随着城市发展战略目标的不同比例有所变化。

3.城市综合实力对体育赛事的制约

主办主要体育赛事，尤其是奥运会，被看作是财务重担，直到尤伯罗斯（Peter Ueberroth）领导的那些比赛获得前所未有的盈余收入，局面才扭转过来。从此日历上排满了需要各主办城市申办的赛事，而且不仅仅是高端赛事。现在，国家赛事如世界杯、欧洲杯、世界羽毛球锦标赛等，甚至许多全国赛事的主办权，都成了激烈追逐的对象。然而，举办体育赛事需要对赛事运行、场馆建设及城市建设进行巨量投资，同时还包括因赛事给城市带来的负外部，这些赛事成本并非每个城市都可以负担。城市的综合实力制约了城市对体育赛事的选择。参照城市竞争力理论，城市综合实力又可以分为城市硬实力和软实力。硬实力一般包括劳动力、资本力、设施力、区位力、环境力、聚集力，而软实力则包括秩序力、文化力、制度力、管理力、开放力。结合奥运会申办城市的评价指标，可以进一步把城市综合实力划分为经济技术实力和人文实力。

（1）城市硬实力对体育赛事的制约

1）城市经济基础与体育赛事。经济基础指的就是经济发展的状况，一般用城市人均GDP、第三产业比重、城市人口数量等指标加以反映。城市经济基础的好坏直接决定了城市举办体育赛事时的投入程度。经济基础对于城市选择体育赛事的意义就在于，只有那些经济基础好的城市才有能力去举办体育赛事，如果违背这一规律必然会给城市带来沉重的负担，雅典就是一个活生生的例证。

如果说奥运会赛事的举办是一种特殊情况，我们还可以从其他赛事举办中看到经济实力的重要性。如广州亚运会的财政安排是赛事运行76亿元，场馆设施建设与维护63亿元，与亚运相关的城市建设资金投入1090亿元。上海市政府为举办F1，投资26亿元建设国际赛车场，10亿元建设模拟公路和天气的安乐驾园，用于配套服务（道路、通信、给排水等）建设的资金7亿元。花费远远不止这些，上海还需每年向F1汽车联合会缴纳不少于2000万美元的承办费。显然，举办体育赛事考验着城市经济实力。

2）城市产业结构与体育赛事。城市产业结构反映了城市各行业间的比例状况，城市不同的发展阶段必然呈现与该阶段相适应的特征和规律。根据历史经验可以知悉，国际性体育大赛一般都在工业化成熟期或者后工业时期的城市举办，体育赛事与城市的产业结构有着高度的关联。体育赛事的举办要求城市有比较发达的服务业基础，第三产业较发达的城市能为体育赛事提供强有力的支撑，同时，体育赛事又能推动城市的第三产业进一步发展。

3）城市人口与体育赛事。城市人口容量的大小直接决定着城市对体育赛事所带来影响的消化能力，一般来讲，城市人口容量要与体育赛事相适应。从历届奥运会举办城市经济数据可以看出，大多数的举办城市人口超过300万。例如举办城市人口较少的雅典，尽管人均GDP高达24909美元，但对奥运会的投资分摊每个市民头上却高达103672美元，给雅典带来沉重的负担。在雅典奥运会结束的当年，奥运会让雅典的财政赤字达到全国的5%，引起雅典市民的普遍不满。

4）其他辅助性行业和条件。此外，举办体育赛事要求城市具备一定数量和质量的体育场馆和相关基础设施，有较好的建筑业、餐饮业、交通运输业、安保、通信等相关行业作支撑。比如，在赛前，场馆建设的大规模展开，基础设施项目的相继上马，都需要像建筑业、房地产业、交通运输业、金融业、新闻出版业、信息传输、计算机服务等产业的"支撑"。在赛时，体育赛事系统的高效运转还需要新闻宣传、媒体运行、安保、交通、住宿、物流、旅游等城市产业加入进来。在赛后，城市还需要对赛事遗产进行有效利用，这又涉及体育与娱乐业、竞赛表演业、房地产业等。

与此同时，体育赛事的举办还需要城市具备一些自然环境条件。由于大多数体育赛事都是在室外进行的，清洁、舒适、宜人的自然环境，是保证运动员安全参赛的重要条件。一些特殊项目，如冰雪项目、海上项目等对自然地理也有严格的要求。

（2）城市软实力对体育赛事的制约

在奥运会申办评价指标中有一部分专门提到了城市的人文指标，即城市的软实力，如城市文化、社会因素、政府的支持、以往赛事的经验等等。城市文化是城市社会成员在特定的城市区域内，在社会实践中创造出来的为该城市社会成员所共有的物质财富和精神财富的总和。它是城市个性的一种体现。城市社会的群体行为表象，是城市文化的一种行为表现。每一座城市，都具有自身的群体行为文化，这从市民的生活方式中可以得到体现。例如，法国、意大利、西班牙等国家职业足球联赛非常发达，民众也对足球有着难以理解的狂热，因而分别在1998年、1990年、1982年举办了足球世界杯赛事。亚洲国家日本和韩国的足球水平在亚洲地区首屈一指，也有着良好的足球氛围，因而在2002年联合举办了足球世界杯赛。可见，生活方式越接近体育，体育休闲娱乐就会在生活中的所占比重越大，城市对体育赛事的需求就越强烈。另外，像我国的哈尔滨，对冰雪运动就有着强烈的偏好。显然，当城市文化与体育赛事相近，或者很容易对赛事文化产生认同时，无疑会为城市的申办、筹备和举办提供良好的社会氛围。

此外，国际奥委会对奥运会申办城市进行首轮评比时，就专门对申办城市的大赛经验进行了评估。举办过大型体育赛事就说明这个城市有经验并有能力举办类似的体育赛事。有举办经验的城市有着较好的场馆设施条件，有充分的管理和运作经验，有丰富实战经验的人才，这显然是对下一轮的赛事举办提供了保证。

（二）体育赛事对城市发展的作用与影响

1.体育赛事对城市影响的基本特征

体育赛事是围绕一系列目标而进行的复杂活动，需要在一定时间节点内投入相应的资源，是一种客观经济社会活动与人为组织干预的复合体。体育赛事影响的产生不仅和它本身所具有的特征有关，也与赛事的组织过程有密切的联系，具有以下特征：

（1）体育赛事的影响受赛事本身的限制。体育赛事本身的类型、规模等是其影响效果产生的先决条件。不同层次，不同类型的体育赛事所需投入的资源不同，其吸引力也不同，对举办地产生的影响必然有所差异。规格越高，规模越大的体育赛事对举办城市就可能产生越大的影响，国际性体育赛事产生更大影响的几率要大得多。如奥运会的影响力显然大于亚运会、全运会。

（2）体育赛事的影响很大程度受主办地对赛事的组织与投入方式的决定。作为有组织的人为活动，体育赛事必然受到人为干预的控制，同时，也必然受到主办地经济、社会环境因素的影响。同类型同级别的赛事由于举办地不同、组织投入方式不同，所产生的影响也不尽相同。如果举办地各方面条件较好，举办地不必投入较多资源，比如不需要新建场馆、城市基础设施方面进行大规模投资，或者，举办地受当地经济社会条件限制，无法投入更多的资源，那么赛事所产生的影响通常就会小，反之体育赛事所产生的影响就会大。

（3）体育赛事的影响具有阶段性特征。体育赛事包括了赛事的申办、筹备、发生、结束的过程。在此过程中，赛事的影响也隐含着一条随时间变化而变化的线索。根据斯帕罗对事件影响阶段的划分，可以将体育赛事的影响分为赛前、赛事举办期间、赛后三个阶段。城市在获得大型体育赛事主办权之前的时段，城市处于一种自然的发展状态，按照原有的节奏运行。在获得主办权之后，由于赛事的预期出现，赛事影响开始显现，而围绕赛事所进行的规划与策划也开始运作。随着围绕体育赛事的各种经济社会过程的不断推进，其影响也逐渐上升，各种投资、城市建设的高峰出现赛事预期发生到正式发生之间的筹备期内。在体育赛事举办期间，举办城市吸引了区域内外乃至全球的目光，一时间各地的人蜂拥而至，在参与事件的过程中，吃、穿、住、行、娱等消费因素继续推动主办地国民经济发展。赛后，"低谷效应"也可能随之发生，但各举办城市会利用赛事余热吸引类似经济活动的开展，继续刺激投资与消费，保持经济的快速发展。余热过后，随着消费能力的恢复，"低谷效应"逐渐消失。

（4）体育赛事的影响具有多位性特征。作为一系列活动的综合体，体育赛事对主办城市的影响无疑是多维的。有学者用"多维影响"概括体育赛事影响的特征，试图列出所有可能发生的潜在影响，包括财政收入、经济影响、旅游和国际市场营销、基础设施、城市土地利用结构、环境影响、科技发展、人力资本、制度创新、政治资本、社会结构、文化与心理变化以及其他无形影响等。这些影响涉及城市经济、社会、政治、物质环境等多个方面。同时，从影响方式上，大型赛事的影响可分为直接影响和间接影响两方面；从影响时间上，可分为短期影响和长期影响；从影响性质上，可分为正面影响和负面影响；而从其影响的表现形式上，又可分为有形影响和无形影响。这些多样化的影响相互交织，作用于城市经济、社会、政治的时空过程之中，并构成城市物质环境的外在表现，反映到城市空间发展上。

2.体育赛事影响城市发展的主要内容

（1）体育赛事对城市经济的影响

1）体育赛事对城市投资的影响。举办任何体育赛事都需要相关场馆设施、基础设施、道路交通、通信等服务予以配套保障，并达到特定标准。根据国际体育组织对奥运会申办城市的评价标准，必须满足以下11个方面的条件，分别是：①政府的支持和公众观点；②基础设施；③竞赛场馆；④奥运村；⑤环境条件；⑥住宿；⑦交通；⑧安全；⑨以往赛事经验；⑩财政预算；概念设计。这些评价指标中对城市的基础设施、场馆、交通、环境等方面提出了明确要求。显然，这对没有举办赛事经验的城市来说，就需要投入大笔的资金去兴建和完善相关设施，以满足举办条件。从体育赛事投资项目的属性对这些投资进行归类，我们可以把体育赛事举办所必需的场馆设施投入称为赛事直接投资，而把因体育赛事举办对城市的基础设施、道路交通、环境改善等方面的资金城市称为赛事间接投资。不过近年来出现了一种明显的趋向，就是城市借助体育赛事举办之机，对城市的基础设施和环境改善等进行大规模投资，这种现象被称为"催化剂综合效应"。所谓"催化剂综合效应"就是指举办城市把举办体育赛事的机会作为自身发展、恢复发展或是建设并不是赛事所必需的城市基本设施建设的催化剂，或称之为触媒。

一般来说，体育赛事的等级越高、规模越大，所激发的投资需求就越大。正如经济学中的大推进理论所阐明的，如果投资是分散，且一点一点地进行，它难以对经济增长产生明显的影响。而一旦投资规模较大，且较为集中，就能够实现经济增长的持续目标。显然，至少从奥运会举办城市的投资来看，都是集中且大规模的，这自然会对举办城市经济产生推动作用。有学者利用投入产出法，证实了2008年奥运会巨量的投资支出对北京经济产生的影响，分别表现在GDP增长和就业人数增长上。

2）城市旅游消费的增加。一般来说，体育赛事举办期间消费增加的部分主要由赛事旅游者贡献的。体育相关旅游者的到来，扩大对城市住宿、交通、娱乐、购物等方面的需求，这种引起城市消费增加的现象称之为体育赛事旅游效应。体育赛事在城市发展中扮演着极为重要的角色，如吸引物、形象塑造者。吸引物是旅游者体验的物理环境。对体育赛事来说，像大型体育场馆、购物中心、主题公园等静态的物理环境是不能缺少的，但体育赛事的吸引力并不必然依赖这些物理环境，体育赛事的产品质量、服务态度和娱乐氛围也是很重要的因素。而且，在时间和空间上，体育赛事可以将城市的其他旅游吸引物集聚起来，或者与其他旅游吸引物相结合，共同呈现在旅游者面前，可以提高城市的整体吸引力。

体育赛事必然伴随着赛事的旅游。赛事旅游者大致可以分为两类：一类是由运动员、教练员、组委会成员、媒体记者、裁判员等组成的群体，体育比赛的性质决定了他们是非参与不可的正常旅游者，而体育赛事的大规模决定了大多数旅游参与者来自城市以外的地方或国家，因而这类群体的旅游消费是刚性。另一类是感受到赛事的魅力、运动员的魅力或借赛事之名来欣赏城市风景的旅游者，我们称之为引致的赛事旅游者，因而这类群体的旅游消费是具有弹性的。赛事旅游者群体的大小直接决定了旅游消费的多少。因此，举办城市要想通过体育赛事扩大城市旅游消费，则必须通过各种营销手段，来吸引这些具有弹性的旅游者。

3）城市产业结构的优化。由于体育赛事具有广泛的产业关联性，且相关联的产业在国民经济中都是第二特别是第三产业的，因而，体育赛事对城市产业结构的优化升级具有一定的推动作用。从内部看，体育赛事的举办可以促进城市公共体育产业内部结构的优化升级；从外部来看，体育赛事对相关产业的关联和波及可以推动城市产业结构的优化升级。

从外部结构效应来看，体育赛事产业与城市的三次产业都有广泛的关联关系。与体育赛事相关的商业服务、金融业、旅游业、文化产业等许多产业都属于现代服务业的范畴。因此，体育赛事的产业关联和波及效应既可以促进城市第三产业的发展，也可以促进第三产业的内部结构优化。同样，体育赛事举办过程中，需要场馆及基本设施建设，竞技场凝聚着现代科技的智慧，体育服务、体育器材、信息系统等都对科技有着很高的要求，体育赛事无疑会对第二产业，尤其是科技含量较高的制造业也有明显的推动作用。相对于第二产业、第三产业的影响，体育赛事对第一产业的影响主要表现为加速城市化进程，降低农业就业人口的比重。体育赛事所需的场馆数量众多，考虑到土地的级差地租和城市发展的整体规划，许多场馆设施都兴建于城市郊区，甚至偏远农村地区，随之农村城市化，农村剩余劳动力向第二、三产业转移。

从产业关联的方式来看，体育赛事通过前向、后向和横向关联与城市其它产业形成广泛的联系和波及效应。体育赛事的前向关联是指体育赛事作为中间产品的形式提供给下游产业，涉及媒体产业、娱乐业、出版业等行业；体育赛事的后向关联是指向体育赛事提供投入品的产业，包括体育场馆建筑业、体育器材、体育服装制造业，为赛事提供服务的经纪业、教育服务业等。体育赛事的横向关联指不与体育赛事直接发生联系，但又能支持体育赛事正常运行的行业，包括旅游业、宾馆业、交通运输业等行业。

体育赛事能优化城市产业结构，这点在许多赛事中得到过证实。如2012年伦敦奥运会为伦敦的产业带来了很大影响，对就业影响最大的几个产业分别是：体育设施业、宾馆业、商业服务业、饭店业、建筑业等；对总产出影响最大的几个产业分别是：商业服务业、体育设施业、物流业、建筑业等。尽管这些产业和我国产业的名称不是一一对应，但以我国产业结构的划分标准来看，2012伦敦奥运会对第二、三产业的影响，特别是第三产业的影响是最大的。更本质地讲，体育赛事产业本身就是属于第三产业的范畴，体育赛事产业的繁荣必然会增加第三产业在城市经济中的份额。

通过以上分析可知，体育赛事因其具有高度的产业关联和波及效应，能够推动城市经济的发展，但也必须认识到能够举办体育赛事的城市是需要具备相应的产业条件的。没有清楚地认识到这一点，城市选择体育赛事很有可能带来负面效应。

（2）体育赛事对城市社会的影响

1）城市文化与城市形象。城市文化是指城市居民在城市发展过程中形成的意识形态和与之相适应的制度和组织结构，以及意识形态、制度和组织结构影响下的物质财富。概括地讲就是城市精神文化、城市制度文化、城市物质文化。而体育赛事对城市文化的三个方面均有影响，分别表现在城市体育建筑文化、城市居民生活方式、城市竞争精神文化。

体育建筑是体育赛事对城市文化影响最直观的方面，也是最基础的物质文化形态。体育场馆通常以各种独特的艺术造型和色彩来诠释体育运动精神，渗透出的体育竞争精神，与社会文化心理共同形成一种复合的文化形态。在经济全球化背景下，城市之间面临着竞争与合作，而竞技运动所蕴含的竞争精神就是竞争与合作，这与现代城市发展理念是非常契合的。体育竞技中体现出的"团队合作""顽强拼搏""永不放弃""公平竞争"等运动精神，既有利于城市人才的培养和塑造，也能在城市内营造一种积极向上的行事规范和道德准则。体育赛事的举办也让市民不仅从精彩的赛事中欣赏到竞技的本体美，还能让市民深刻地理解体育的内涵和健康的宝贵。当体育成为市民的一种生活方式的时候，既能丰富他们的精神生活，也能改变人们的价值观念。

城市形象是城市景观、市民形象、政府形象的整体反映，包括视觉形象和感知形象。体育赛事的成功举办，能够为城市树立良好的形象，提高城市知名度和影响力。

视觉形象是指能够直观看到的城市物化形象，比如城市基础设施、道路、交通、住宅、商业区等。体育赛事的举办需要兴建大量的体育场馆和城市基础设施，这势必为城市营造一种"体育"的视觉冲击。而体育作为一种积极向上的文化形式，必将给城市视觉形象带来正面冲击。此外，体育场馆的规划选址及配套设施的建设能改善周边的环境，提升区域功能，进而改善城市形象。

感知形象是城市的内涵和特质，包括社会秩序、生活水平、经济环境、文化素养等。在体育赛事的筹办和举办期间，城市政府为了保证赛事的顺利进行，充分展示城市的美好形象，都要求政府提高业务素质，全身心投入到赛事筹备中。赛事的举办也要求广大市民参与进来，发挥志愿者精神，这无疑会让居民形成积极的态度、文明的社会风貌、良好的公共秩序和浓厚的体育氛围。

此外，体育赛事对城市形象的影响还表现在扩大城市影响力，塑造城市品牌上。主要通过四个途径：首先，在全媒体的时代，大量的媒体对体育赛事的追逐报道自然把城市展现在聚光灯下。其次，直接旅游者的口碑效应。大量的游客来观赛、感受赛事的时候自然会体验到城市的方方面面，他们的口碑效应对城市形象提升有着重要意义。再次，城市的广告和促销。在赛事筹备期间，政府还会组织一系列活动对城市进行推介。最后，间接形象传播。有许多人尽管没有来到城市，但是通过媒介资讯了解了城市，并向其他人传播。

2）城市的影响力。影响力简单地说就是指影响的能力。对于城市而言，要想提升自身影响力，传播内容和传播渠道同样重要，两者关系密不可分，只有两者合作才能取得最大效应。城市既要顺应全媒体时代的传播趋势，整合资源进行全方位的曝光，也要创造积极的事件作为传播的内容。前国际奥委会主席萨马兰奇先生所说，世界上通用的语言有金钱、战争、艺术、性和体育，而唯有体育能把前面四者融合起来。体育赛事是人类物质文明和精神文明的成果，能够被人类共同接受，以至于国际奥委会成果的数量超过了联合国的数量。可以说体育赛事是一门世界通用的语言。它现已成为城市竞争发展机会的重要手段。当体育赛事在城市发生的时候，任何媒体为了争得更多民众的关注而无法忽视体育赛事在城市中的存在。赛事能提升城市影响力的原因就在于，首先是体育赛事本身就是一件具有营销价值的事件，能受到传统媒体和新媒体的广泛关注；其次，体育赛事的高观赏性、高娱乐性能够吸引民众通过新媒体如互联网自发地对其关注，也能通过传统媒体的传播，塑造城市品牌，进而提升城市影响力。

（3）体育赛事对城市空间的影响

1）实体形态：场馆及配套设施建设。体育赛事对城市空间的影响，首先表现在赛事顺利举办所需的大量场馆及配套设施的建设上。以奥运会为例，根据《2016年奥运会申办手册》夏季奥运会的举办必须提供的设施包括：为28个大类300多项比赛提供40个左右的正式比赛场馆和近百个配套训练场地；为超过1.5万名参赛人员提供多功能服务的奥运村；为至少1.5万名媒体记者提供信息服务的广播中心和记者村；还需要为世界各大体育组织和观众提供至少4万套旅馆住房；此外，还要能保证城市在交通、能源、通信、后勤和娱乐设施上有足够的容量来满足多达10万名的奥运会旅游者的需求。这对于任何一个城市而言，在短短几年内系统性地规划建设上百公顷的城市用地，其影响是不容忽视。

与此同时，城市还需要对城市道路交通、电力、给排水、通信及各类服务设施进行更新升级以满足赛事需求。例如，首尔为举办亚运会、奥运会，其城市基础设施建设的投资比重超过了场馆设施的投资。首尔扩建了金浦航空港，并新建了8.2万m²的第二空港大厦；地铁也由1条扩建到4条，线路总长度达到116.5km；并对汉江周边进行了优化改造，建设了娱乐设施、公园和绿化带等。

城市的发展水平和竞争力取决于城市的基础设施水平，而城市基础设施的供给又取决于城市的有效需求。一般来说，城市对基础设施的需求是随着城市经济发展水平的提升而不断增加的。如果一个城市的基础设施投资慢于城市需求，就会拖累城市经济发展，从而丧失发展机会；如果城市基础设施供给超过了城市的有效需求，就会导致各类经济问题，甚至导致财政破产。而大型体育赛事的优势就在于能够提供一个巨大的外部需求，使超前的场馆及配套设施的部分建设成本能够迅速地回收，从而带动城市竞争力的迅速提升。

2）空间形态：城市空间结构。当城市发展到一定阶段的时候，城市经济已经有了较高的程度，城市空间结构急需调整的时候，体育赛事所带动的相关建设为城市发展提供了平台。体育赛事的良性触媒作用能给城市建设带来积极的影响，包括新城建设和旧区更新。主要是两种模式："1×1"模式和"1＋1"模式。"1×1"模式，是指城市以巩固和发展原有城市空间为主，依靠提高已有场馆、基础设施及服务设施的建设水平与服务能力的方式来满足体育赛事的需求。例如，巴塞罗那在承办奥运会期间将城市更新作为干预城市空间发展的主要战略，将80%的奥运会场馆集中于原有市区范围的四个赛区内场馆，绝大部分是在原有场馆的基础上改建而成，奥运村、博物馆、酒店等服务设施的建设也主要与旧城更新结合进行。"1＋1"模式，是指城市跳出原有城市空间，结合设施建设开辟城市新区，城市空间进行整体重塑，并由此推动城市空间发展。例如，悉尼在承办奥运会期间在距离市区大约14千米的霍姆布什湾兴建了奥林匹克公园并使其成为城市新区。首尔也是选择"1＋1"模式。首尔自20世纪60年代起就进入快速工业化时期，城市旧区拥堵、环境质量日益加剧。为了重新规划城市功能，同时由于首尔没有支撑国际性体育赛事的场馆设施条件，首尔跳出了汉江北部的旧城市空间，将大量体育场馆设施建设在汉江南部，并配套亚运村、新闻中心及公寓等。此后，汉江以南地区发展为商业繁华、环境优美的城市新区。

对于许多城市而言，通过体育赛事的相关建设来调整城市空间结构，往往会同时具有这两种模式的特征。至于该选择哪一种模式为主，这与城市的地理环境、发展阶段、经济条件有关，由城市特征的综合因素来决定的。

（三）体育赛事影响城市发展的作用机制

1.体育赛事的触媒性解析

体育赛事在城市发展过程中的作用，类似于化学中的催化剂或触媒。体育赛事的举办涉及场馆设施建设，以及城市基础设施、交通道路、通信等方方面面的投入，反映了城市发展过程中因体育赛事的举办而引起的一系列连锁的投资反应。与此同时，体育赛事可以促进经济增长、改善形象等作用。显然，体育赛事本身是由城市来塑造的，但反过来体育赛事又能对城市发展和建设起到推动作用，体现了城市触媒的必备特征，即具备激起其他作用的力量。体育赛事作为城市发展的触媒，其作用发挥可以从三个方面来体现。

（1）体育赛事作为触媒的活性。所谓活性，就是指在一定环境下，体育赛事促进城市发展能力的大小。体育赛事的活性主要来源于自身的综合价值和聚合优势。综合价值表现在经济、社会、文化等方面。经济价值方面，体育赛事通过直接或间接投资引发乘数效应，带动相关产业的发展，形成产业关联的经济放大效应；社会价值方面，满足了人们多样化的生活需求，提高了人民的满意度，改善了生活质量；文化方面，体育赛事本身及场馆设施可以作为城市的一种文化标志，改善了城市形象。聚合优势体现在，体育赛事能够在赛事举办期间集聚大量运动员、教练员、观众及他们随之带来的信息流、物流、和现金流，形成高度的聚合空间。

（2）体育赛事作为触媒的修改性。触媒的作用意味着它是引入一个新的元素来修改原来的旧元素。根据城市触媒理论，城市触媒对周边环境的修改性体现在"强化、修复和创造"等方面。通过建设与城市文化相称的场馆建筑，可以强化原有城市功能，提升现存元素的价值。体育赛事的相关建设可以对城市衰败区进行更新修复，改善现有城市环境；或者体育赛事的相关建设可以迎合城市空间的拓展，推动新区开发，形成创造功能。

（3）体育赛事作为触媒的选择引导性。体育赛事的选择性体现在，不同类型的体育赛事对城市发展所起到的作用各不相同，有的推动作用很大，有的负面效应很大。体育赛事的选择性决定了作为触媒体的决策定向引导性，即根据城市发展的阶段及需要，而选择不同的体育赛事形成体育赛事体系，使其功能互补。

选择性和引导性相辅相成，因此可以概括为选择引导性。

2.体育赛事触媒的时机选择

体育赛事能够激发城市发生化学反应，激起其它作用的力量，因而被当前许多城市列为推动城市发展的战略工具。但是不是所有城市都应该选择体育赛事作为触媒呢？答案是否定的。因为不同城市需要根据自身的发展阶段及城市功能定位来决定是否采用体育赛事来推动城市发展。

城市在前工业社会时期，由于社会生产力比较低下，城市化进程就比较缓慢，因而人口规模相对较小，城市仅具有主体性功能和载体性功能。当城市开始进入工业社会时期，社会生产力得到大幅度的提升，产业分工开始，人口不断向城市集中，出现快速城市化，城市功能逐渐趋于完善，具备了自组织功能和对外交换的功能。这一时期城市实力大大增强，具备了举办体育赛事的能力，反过来，体育赛事通过触媒作用又完善了城市功能。到了后工业社会时期，信息技术的广泛流行，促进了新经济的发展，这一时期新经济主导城市的经济发展，开始步入一个功能更高的阶段，则可能会选择更高级别、更大规模的体育赛事。

可以说，在不同的历史阶段，城市具有不同的功能，在城市发展阶段和城市功能的纵深发展过程中，体育赛事具有类似催化剂的作用，能够在短时期内进行巨量投资和建设，增加触媒体源，推动城市发展。在不同的城市发展阶段，城市具有相应的功能，也就意味着具有举办体育赛事的能力，同时体育赛事又能够通过对城市产生的激发作用，促进城市的功能的完善，进而使城市发展阶段得到跨越。

3.体育赛事触媒的作用过程

体育赛事从申办、筹办到举办是一个长期的过程，而在每一个阶段都对城市起着触媒作用。根据体育赛事发生、发展过程，可以把体育赛事触媒的过程分为触媒前储备阶段、触媒集中释放阶段和触媒后延续阶段。

（1）触媒前储备阶段。触媒前储备阶段是指在体育赛事还没有正式开赛之前，也就是在体育赛事筹备期间，体育赛事对城市许多方面产生的影响和作用。在筹备期间，城市政府为了能够顺利并且成功地举办体育赛事，必定会在赛事运行、场馆设施、运动员村及城市交通、基础设施等方面进行投资。投资的多少以及涉及面的宽窄直接影响筹备期间对城市的触媒作用效果，如在筹备期间大量投资，将直接拉动了城市经济增长，特别是在中国主要靠投资拉动经济增长的城市，这种触媒效应更为明显。

（2）触媒集中释放阶段。一般来说综合性体育赛事的时间大约2周，如奥运会开闭幕式时间，加上赛事期间也不过17天，亚运会赛事通常持续15天左右，在这期间通常会伴随着人流、物流、信息的剧增而出现一个"峰聚现象"。这期间，与体育赛事相关的产业包括旅游业、物流业、新闻传媒业、宾馆住宿等行业的经济潜能得到了释放的机会。与此同时，体育赛事举办期间大量的新闻媒体介入，在报道赛事的同时也宣传了城市，提升了城市影响力。

（3）触媒后延续阶段。体育赛事对居民的影响是一个长期的过程。赛后各有形、无形地直接影响着城市及其居民，因而这一阶段是最长的。当然，这种触媒后续阶段的影响可能是正面的，也有可能是负面的。具体说来有：体育场馆设施的赛后利用；城市地位的提升与保持；城市经济增长的稳定性；赛事遗产与城市文化，特别是历史文化和特色文化的挖掘和对接。因而，触媒后延续阶段可以说是城市发展阶段跨越的实现时期。

第二节　体育赛事对城市品牌的塑造作用

一、体育赛事是城市品牌营销的载体

（一）打造城市特色，扩大城市吸引力

大型体育赛事的举办可以全方位打造城市特色。地方文化的创造和推广可塑城市人文特色；提炼大型体育赛事主题作为城市营销口号可塑城市理念特色；经典体育比赛场馆、体育主题公园的建设可塑城市视觉特色；大型体育赛事场景及其衍生的活动场景可塑城市行为特色；大型体育赛事及其相关的媒体宣传显示不同城市地域特征可塑城市地缘特色。

（二）促进城市经济发展，带动相关产业发展

体育赛事尤其是大型节事活动首先需要建设大量的基础设施，以及为体育比赛服务的场馆设施、通信设施、文化设施、环境设施等等，这些设施的大规模建设除了能够为城市的将来培育一定的设施服务优势，更能在短期内产生巨大的需求市场，能够引发建筑规划设计行业、原材料行业、体育产品制造行业、交通

设备制作行业、高新技术行业、文化传媒行业的发展，从而产生一定的经济效益，促进城市经济发展，培育经济发展优势。

举办大型体育赛事不仅能对健身体育、休闲体育、体育保险、体育经纪、体育会展等相关体育服务产业的兴起与整体发展产生直接的促进作用，更重要的是对举办城市的房地产产业、运输业、通信业、旅游业、服务业等城市相关产业的发展具有推动作用，从而推动城市整体经济的快速发展。

大型体育赛事的举办对体育旅游业有着深远的影响。大型体育赛事的成功举办能吸引大量的游客前来旅游、观光，同时提高举办城市的知名度、改善举办城市的旅游基础设施、提高举办城市的旅游营销和管理水平、改善举办城市旅游市场的客源结构、促进旅游文化的交流等一系列的积极影响，极大地促进举办城市的旅游业的发展。

（三）推进城市招商引资，提高城市劳动就业率

举办大型体育赛事，将引来数以万计的人口流入城市，吃、住、行、游、购、娱六大要素能否满足现行需要是决定大型体育赛事成功举办的关键所在。因此，这就促使城市的基础设施建设、餐饮、交通、娱乐、购物等都要扩大规模，从而满足新增人口的需求。在"文体搭台，经贸唱戏"的背景下，大型体育赛事的举办成为万众瞩目的焦点，这些都将吸引众多投资者的目光去投资大型体育赛事相关产业，从而为城市发展提供更多契机。

现代高度发达的工业文明为人们提供了丰富多彩的物质和精神产品，但生产技术和手段的不断改进，机械化程度的不断加大在某种程度上也导致了大量失业的产生，就业问题早已成为一个严峻的社会问题，而一次大型体育赛事的成功举办会为举办城市甚至是整个社会创造大量的就业岗位，可以暂时缓解日益严峻的就业压力。大型体育赛事的筹办时间一般需要3~7年，要兴建各类体育场馆设施，新增交通、通信、服务等设施，因而需要大量的劳动力去完成。[1]

（四）改善城市基础设施建设与环境卫生

城市基础设施是指为社会生产和居民生活提供公共服务的物质工程设施，是用于保证国家或地区社会经济活动正常进行的公共服务系统，包括：城市资源系统、城市排水系统、城市交通系统、城市邮电通信系统、城市生态环境系统、

---

[1] 陈月川.基于大型体育赛事视域下的城市品牌战略研究[D].重庆大学: 2014: 17-23.

城市防灾系统。一个国家或地区的基础设施是否完善,是其经济是否可以长期持续稳定发展的重要基础。城市基础设施建设是决定城市发展水平和城市文明程度的重要条件,是城市经济和社会协调发展的物质保障。

大型体育赛事已成为旧城改造和新城建设的催化剂,是城市整合、规划布局的契机,在社会文化和经济发展两个方面为城市的可持续发展提供了内在动力。目前,许多大型体育赛事的举办城市凭借举办大型体育赛事的契机,加大基础设施建设规模,从而推动城市的现代化进程。在大型体育赛事的筹备过程中,体育场馆设施和其他相关的大量基础设施是赛事成功举办的关键因素,尤其是大型综合性体育赛事,更加要求大量不同运动项目的场馆设施充足以及电信业、交通运输业、建筑业、体育娱乐休闲设施等相关基础设施完善。目前国内外许多城市政府决策者都将举办大型的体育赛事作为吸引外来投资和改善城市基础设施建设的重要法宝。从宏观经济理论的视角来看,基础设施建设和人力资本的投资对经济的增长会产生持久性的效应。1988年首尔奥运会使得汉城这座城市的经济飞速发展,韩国更是借助首尔奥运会的成功举办跻身于"亚洲四小龙"的行列。在举办奥运会的过程中,加大基础设施建设和电讯业、第三产业的投资以及城市面貌的更新是其成功的关键所在。由此可见,举办大型体育赛事对城市的基础设施建设和加快城市现代化进程具有积极的推动作用。

二、体育赛事对城市品牌营销的间接影响

大型体育赛事不仅可以作为一种城市产品直接促进城市全方面发展,而且能为城市品牌营销创造良好的氛围与条件,从而间接地促进城市品牌营销。举办大型体育赛事对促进城市环境改善;催发城市人力资本质量提高;提升城市居民心理收入;推动城市体育的发展;扩大城市国际知名度等城市非经济因素具有极大的影响。城市品牌战略下大型体育赛事营销的作用及意义,不仅体现在经济方面,也彰显在文化层面。通过强化或重塑二者之间的关系,城市有可能将一种和谐进取的城市文化形象传达给市民与游客,从而能够巩固和提升城市竞争力,吸收包括资金、人才在内的资源注入,在全球竞争中占得先机,实现本地经济和文化的持续发展的目标。大型体育赛事不仅为城市的经济发展提供商业平台和发展机遇,同时对城市品牌树立、文化事业繁荣等方面有着重要作用。

（一）体育赛事对城市特色的"窗口效应"

特色是指事物本身所独自具备的个性化、差异化的性格特征。城市特色与城市个性、城市形象有密切的内在关联，系指一个城市在人的感知层面上区别于其他城市的形态表征。大型体育赛事犹如一场城市巨型的展览会，赛事营销者借助大型体育赛事的"窗口效应"，结合赛事举办城市的个性、经济条件、文化环境、历史背景以及城市形象、地理环境、城市规划、空间形态、文物古迹、建筑景观等城市内外在特色，整合各种媒体资源，把赛事宣传与城市营销结合起来，从而全方位展现城市特色。特色就是个性，个性就是魅力，魅力就是竞争力。因此，争取大型体育赛事举办权，从而提升城市国际竞争力，塑造城市品牌形象已成为世界性热点话题。

（二）提升城市的品牌形象和知名度

城市品牌形象是一个城市的历史、现在和未来的缩影，代表了城市的知名度和魅力，是被公众广泛认可的最典型印记。大型体育赛事对塑造城市品牌形象和提升城市知名度具有巨大的推动作用。在传媒业日益发展的今天，大型体育赛事的筹办方通过电视、互联网、纸媒等大众媒体对大型体育赛事的赛前、赛中与赛后进行全方位、长时间、高密度的宣传和报道，对塑造良好的城市品牌形象有极强的广告宣传效应，城市知名度和城市的综合竞争力将得到极大提高。

将举办体育赛事作为塑造城市形象和提升城市知名度的重要手段已成为中国许多城市的共识，不仅是举办过奥运会的北京以及举办过其他大型国际体育赛事的上海、广州、深圳等大城市，目前，很多中小城市也在尽力争取举办国际或国家级大赛，以此来提升城市品牌形象和知名度，同时对举办地城市建筑、经济、文化等方面能够发挥巨大的推动作用。

（三）促进城市的文化发展

文化是一个民族的灵魂，也是一个民族的根本。任何民族都有其灿烂的民族文化引领着整个民族不断向前发展。西方希腊众神文化、两河流域文化、中东文化以及以华夏文化为代表的东方文化，都是世界文化史上绚丽的明珠。文化是人类精神财富的结晶，是人类历史长河中物质和精神财富的总和，是对人类创造才能的鉴定。

城市是文化的载体，文化是城市的灵魂，文化作为一种精神原动力，是构建特色城市不可缺少的重要基础。城市作为文化的载体,集中体现了区域文化特征。历史文化、民族风情、人文色彩、时代烙印是对城市文化的完整诠释。城市文化反映了城市特有的性格,也映射出城市经济发展的潜在动力。加强城市文化建设对扩大城市现代化进程、提升城市品牌形象、加快城市经济和社会的协调发展、建立和谐社会具有重要意义。而体育文化是城市文化建设中不容忽视的一个重要因子,它是创建和谐社会、提升城市文化品位的重要内容,能带动城市文化的发展,能为城市持续健康发展提供动力。大型体育赛事是人类社会文化活动的产物,其不仅是人类优秀文化的组成部分,也是人类文化传承与发展的载体。对于赛事举办城市自身而言,大型体育赛事不仅可以将其现有的城市文化展现于世界面前,同时也能将融汇世界各民族的优秀文化,最后形成世界文化交融的良性互动局面。北京奥运会对北京文化的影响不仅体现在借助奥运会展现中华传统文化,同时奥运文化也能够推动中华传统文化的发展和自我更新,并且对北京的国际知名度和影响力具有极大的推动作用。

(四)促进城市精神文明

城市基础设施建设是塑造城市品牌的重要部分,然而,城市的精神文明程度更是决定城市品牌建设的关键所在。城市精神是一座城市的灵魂,是一种文明素养和道德理想的综合反映,是一种意志品格与文化特色的精确提炼,是一种生活信念与人生境界的高度升华,是城市市民认同的精神价值与共同追求。城市精神文明建设对于一个城市的发展而言至关重要,而体育在城市精神文明建设中又扮演着非常重要的角色。城市可以通过举办大型体育赛事这条途径来推动城市文化建设,从而促进城市的发展。城市与人一样,既有外在形象,又有内在品位。外在形象由建筑、广场、道路、山水、城市绿化等有形要素构成,内在品位由城市精神、道德风尚、文明程度、生活方式等精神因素构成,一个城市的整体形象应该是外在形象与内在品位的完美结合。城市文化品位、人的精神形象是城市凝聚力和城市综合竞争力的重要构成因素。一个文明、开放充满活力的城市必然会对外部资源具有强大的吸引力和集聚力。由于体育独特的功能和魅力,体育设施建设和其他建筑相比更具有文明、开放、充满活力的鲜明特征。体育建筑语言充分表达了城市的文明建设和文化意蕴,城市是精神文化的载体,精神文化是城市的灵魂,一个城市举办的体育赛事是与该城市的文化息息相关的,体育赛事能够反映出一个城市的精神面貌。

三、体育赛事整合城市软硬资源

大型体育赛事成功举办的基础是举办城市，其为大型体育赛事提供硬件设施和软件环境。城市是自然经济区域中经济发达、功能完善、能够渗透和带动周边区域经济发展的行政社会组织和经济组织的统一体，是某一区域的社会文化中心和经济中心。城市的经济功能、社会功能、文化功能以及完善的基础设施为大型体育赛事的举办提供了重要的物质保障。城市的道路交通设施、体育场馆设施、通信设施、电视传媒设施是大型体育赛事运作的必要硬件设施，城市的经济实力、居民文化素养和政府相应扶持政策又是大型体育赛事的必要软件环境。

城市的方位和各项设施是大型体育赛事发挥活力的空间载体。为娱乐城市市民生活而打造的休闲体育主题公园、为提升专业运动员成绩而建立的训练基地、为体育赛事成功举办而开辟的经典体育场馆，不仅增强了城市的社会功能，同时也改善了城市的空间结构，是体现城市品牌实力的关键。与此同时，虽然大型体育赛事的外在表现形式极为丰富，但与其背后的体育产业和相关行业的支撑是息息相关的。体育设施制造业、体育培训与服务业、俱乐部经营以及城市通信、交通、传媒、酒店等行业的合作，在保证大型体育赛事正常进行的同时也促进了自身的发展，并进一步加大了城市休闲、旅游、娱乐等相关产业的规模，突出城市品牌潜力，增强城市软实力。因此，大型体育赛事在某种程度上整合与盘活了城市软硬资源。一个城市是否具备支撑体育赛事顺利进行的条件和设施，直接关系着这座城市品牌形象和竞争力的高低。只有硬件设施和软件环境相当完备，城市才有成功举办大型体育赛事的可能，而大型体育赛事通过良好的商业运作对整合举办城市的软硬资源起到了巨大的推动作用。

第三节 体育赛事对城市旅游经济的效应

由于主办各种级别的体育赛事，可以促进所在国城市旅游业的发展，所以世界上只要符合基本条件的国家均积极申办。如巴塞罗那和墨尔本通过举办奥运会，使其成为国际著名的旅游胜地。随着中国综合实力的增强、城市功能的快速提升，一批有影响力的赛事落户中国，先后成功举办奥运会、世界杯、亚运会、青奥会、全运会、城运会、F1赛事、国际公路自行车赛和国际马拉松赛等各种大型国际赛事。通过举办这些赛事，不仅积累了举办国际体育赛事以及为体育旅游者服务的经验，旅游基础设施建设得到加强、旅游收入和就业机会持续增加，而且更为重要的是借助媒体的宣传、报道，能为举办地吸引大量的游客，提升城市品牌和知名度，有效地促使国际体育赛事与城市旅游业的有机结合。[1]

一、城市形象和知名度的提升

借助体育赛事可以扩大城市知名度和影响力，强化城市和国家形象。国际体育赛事高强度、多方位、持续性地举办，能带动城市基础设施建设，增加举办城市的旅游吸引力，提高人们对赛事和举办城市的关注，也可以在短时间内提高旅游者对举办城市的认知，对塑造举办地的旅游形象有着显著作用。

二、促进各地文化的互动

国际体育大赛让不同文化、不同文明更具有兼容性，它不仅是参与者的体育盛会。也是大型体育赛事文化与城市文化互动的一次盛会，能很好地促进举办地文化建设的发展。像奥运会这样综合性的重大体育赛事，为世界各国的文化交流提供了很好的平台，提升了举办城市的城市文化软实力，推动了城市文化发展，促进了东西方传统文化的交流。如北京奥运会开幕式的"壮汉擂鼓"表演就具有中国历史的特色，形象地表现出北京的人文特色和文化底蕴，集中展示了举办地的文化精粹等，给北京乃至全国带来了众多的文艺、演出等交流活动，从而使城市的文化内涵得以丰富。[2]

三、为城市增加就业机会

大型赛事的举办，能推动举办城市的整体发展，为举办城市提供更多的就业岗位。在筹办赛事过程中，各种交通、场馆等设施的营建需要投入大量人力，在一定程度上缓解举办城市失业人口的压力，带来大量的就业机会。

---

[1] 黄贤东.大型体育赛事对城市经济发展的带动作用[J].合作经济与科技,2021(19):36-37.
[2] 周晓丽,马小明.国际体育赛事对举办城市旅游经济影响实证分析[J].经济问题探索,2017(9):38-45.

四、改善城市基础设施建设

国际体育赛事对举办地的基础和环境建设提出了更高的要求。在举办大型体育赛事之前,举办地都会投入大量的人力、物力、财力做前期准备。如慕尼黑投资13.5亿马克用于城市基础设施建设,使城市面貌焕然一新,一跃成为"欧洲的明珠"。巴塞罗那耗资362亿修建的比赛塔,使城市道路增加了15%,新扩绿化带和海滨旅游区增加了78%,人工湖和喷泉新增268%。北京投入1800亿元人民币建设2008年奥运会场馆,包括鸟巢国家体育场、奥运水立方国家旅游中心和奥运村等主场馆的建成和开放,使北京的旅游产品更加丰富。衡水市政府投资6470万元修建衡水湖国际马拉松广场,总面积达961万m^2,这些都为体育赛事旅游业的蓬勃发展打下了坚实的基础。第16届广州亚运会,广州市政府加大对基础设施建设的投资,投入2200亿元的巨额资金建造国际一流的体育场馆设施,使广州成为亚洲乃至世界关注的焦点。

五、提高城市旅游企业的服务质量

国际大型体育赛事举办涉及的人员数量多,牵涉的部门庞杂,需要甚为周密的组织安排和活动计划,这些都会为举办地的旅游产业的管理水平提升,提供学习的范本和锻炼的机会。随着民族体育旅游市场的不断开拓,定制式的产业发展之路成为我国旅游产业结构转型升级的必然结果。国际体育赛事的举办使旅游业与国际接轨,不仅提高了旅游业从业人员的管理水平和旅游服务质量,也创造了旅游环境,旅游市场得以规范,使旅游业更加成熟。

结束语

在我国市场经济快速发展的推动下，国民经济大幅度提高，消费需求也日渐趋于多元化。随着人们对体育锻炼重视程度的不断提高，对体育资源的供给需求日渐趋于多样化。为了满足消费者的消费需求，体育资源供给逐渐完成了由单一化向多样化的转变。

但是，公共体育资源的开发仍是长远计划。通过了解公共体育资源与城市发展的关系，进一步合理配置公共体育资源，带动城市经济更快的发展，提高服务舒适度、完善供给契合度、提高消费者满意度，逐渐成为体育资源供给新的发展方向与发展目标。

参考文献

[1] 蔡云楠, 谷春军. 全民健身战略下公共体育设施规划思考[J]. 规划师, 2015, 31（07）: 5-10.

[2] 陈华伟. 社区体育资源配置理论与实证研究[D]. 福州: 福建师范大学, 2014: 105-132.

[3] 陈融. 体育设施与管理[M]. 北京: 高等教育出版社, 2009.

[4] 陈月川. 基于大型体育赛事视域下的城市品牌战略研究[D]. 重庆: 重庆大学, 2014: 17-23.

[5] 胡振宇. 现代城市体育设施建设与城市发展研究[D]. 南京: 东南大学, 2006: 32-36.

[6] 黄贤东. 大型体育赛事对城市经济发展的带动作用[J]. 合作经济与科技, 2021（19）: 36-37.

[7] 焦敬伟, 郑丹蘅. 休闲体育对上海城市发展的文化价值[J]. 体育文化导刊, 2014（08）: 186-189.

[8] 寇健忠, 吴鹤群, 林正锋. 公共体育资源优化配置制度的转换基础、变迁特征与创新路径[J]. 三明学院学报, 2021, 38（04）: 13-19.

[9] 雷哲. 体育助力打造精致城市的价值体现及实施路径[J]. 体育文化导刊, 2019（11）: 45-49.

[10] 李洪波. 城市社区公共体育资源合理配置研究[M]. 济南: 山东人民出版社, 2015.

[11] 李炜. 体育场馆商业运营模式探讨[J]. 特区经济, 2013（08）: 161-162.

[12] 刘燕舞. 论城市发展与体育产业的推进——以广州为例[D]. 广州: 华南师范大学, 2007: 41-72.

[13] 聂正明, 刘云龙. 健康中国目标下社区公共体育服务体系构建研究[J]. 体育风尚, 2021(07): 3-4.

[14] 盛冀萍. 实用体育管理学[M]. 昆明: 云南科技出版社, 2017.

[15] 苏心. 打造品牌体育赛事培育城市高质量发展新动能[J]. 宁波经济(三江论坛), 2021(07): 21-24; 40.

[16] 覃云. 公共体育设施资源配置与服务优化研究[J]. 体育视野, 2020(05): 10-11.

[17] 万来红. 体育场馆资源利用与经营管理[M]. 武汉: 华中科技大学出版社, 2010.

[18] 王铁生, 黄琳. 体育产品的资源配置[M]. 长沙: 湖南科学技术出版社, 2006.

[19] 王一乐. 公共体育资源配置效率优化研究[J]. 合作经济与科技, 2021(07): 151-153.

[20] 吴迪. 成都体育赛事旅游产业化发展优化路径[J]. 现代营销(学苑版), 2021(08): 116-117.

[21] 肖洪凡, 刘晓蕾. 休闲体育课程建构理论与实践研究[M]. 石家庄: 河北人民出版社, 2019.

[22] 谢洪伟. 大型体育赛事与城市发展耦合研究[D]. 北京: 北京体育大学, 2013: 80-102.

[23] 徐亚妮. 体育产业与现代城市发展[M]. 兰州: 甘肃文化出版社, 2011.

[24] 杨爱丽. 论和谐社会视角下社区体育建设意义[J]. 农村经济与科技, 2017, 28(24): 231.

[25] 张劲松, 张树巍. 共享发展理念下高校体育资源服务老龄人口健身需求的研究[J]. 体育科技, 2020, 41(06): 55-56.

[26] 周晓丽, 马小明. 国际体育赛事对举办城市旅游经济影响实证分析[J]. 经济问题探索, 2017(09): 38-45.